君にできないはずがない

〝仕事と人生〟が
輝く38の心得

神 田 真 秋
Kanda Masaaki

はじめに

いつしか年齢を重ねてくると、自分のこれまでの来し方を振り返り、「あれは拙《まず》かった」「もっとやり方があった」などと、どうしても反省することばかりが多くなる。けれども、いくらそんな反省をしてみても、過ぎ去ったあの時代が戻ってくるはずはなく、残念なことだが今ではもうやり直しがきかないことが少なくない。

また年齢を重ねていけば、たいていのことは諦めるようになるものであるが、本質的には何も解決していないことが多い。諦めたようでいて、忘れた頃にふと、「なぜあの時、途中で放り出してしまったか」と悔やんだり、「もう少しやり方を変えれば、うまく解決できたかもしれない」と嘆くこともしばしばである。しかし、これもまた今では手遅れのことが多い。

いくら「今からでも決して遅くない」と力を込めてみても、やり直しがきく範囲はかなり狭められている。やり直しがきくこととそうでないことができてくることは、人生が終盤に向かうにつれて必然のことである。あの時代だから、その年齢だから意味があることが、私たちの周りにはどうしても存在するものだ。

しかし、誰しもある年齢になってくると、仮に自分ではやり直しがきかないことがあるとしても、せめてこれから社会で頑張ってもらう人たちには、自分と同じような轍を踏んでほしくないと考えるようになってくる。それが私たちの年代に与えられた仕事なのかもしれない。

そんなわけでこの私も、現役の社会人やこれから社会人になる若い人たちに、ぜひ知っておいてもらいたいことや気を付けてもらいたいことなどを、これまで講演やセミナー、あるいは大学の講義などいろいろなの機会に、自らの経験として繰り返し話してきた。

けれども、弁護士や市長、知事といった私の経歴からわかる通り、これまで私は長い間一般の人とは少しばかり異質な世界で仕事をしてきたので、そもそもそんな自分の経験など世間一般に通用するだろうかと自問することもあったし、また私は、高度成長期に社会に出てアナログ的思考が染みついている世代なので、現代の若い人たちがそんな自分の経験などまともに受け止めてくれるだろうかと危惧する気持もあった。だが、そのような心配をよそに、講演などでは、若い人たちの多くがいつも真剣なまなざしで私の話を聴いてくれたし、またその場でたくさんの質問も受けた。「そうか、若い人たちはこういう話を求めているのか」「昔も今も考えていることは一緒だ」と、あらためて自分の役割について再認識したのだった。

本書は、そのようにしてここ何年か講演や講義で話してきたことを中心に、これまで考えてきたことを文章にまとめたものである。

本書の表題は「君にできないはずがない」となっているが、この言葉に込めた思いはいたって簡単だ。まだ若いのに、いや若いがゆえに、「自分にはできない」と考えてしまう人が、あまりに多いことによる。私もそうであったので、これはよくわかる。何ごとも「できない」と考えてしまうと、自らに制約を課し、自分の生き方まで狭めてしまうことになる。そんな考えからは未来が開けてくれるはずがない。これは誰が考えても当たり前のことと思うのだが、残念ながらそれに思いを致さず、必要以上に自分を卑下し、自己嫌悪の中で苦しんでいる人がとても多い。真面目にものごとを考える人ほど、それが深刻である。

そんな人には、「君にできないはずがない」と声をかけてあげたいと思う。悩んでいる人には、この言葉は心に突き刺さってくるはずだ。この言葉を受け止め、真剣にそう信じてもらえば、ものの考え方がガラリと変わるきっかけとなると思う。考えが変わると目に見える世界が変わり、人生そのものまで変わってくるものである。私は、これまでそう信ずることで、ありがたいことに大きく道を外すことなくやってこられたと思っている。

ところで、仕事や人生には、行く手に実に多くの困難や試練が待ち受けている。それは必然のことで誰にも避けられないことである。それゆえ、出会うことになるであろう困難や試練がどんなものであるか、あらかじめ知っておくことが大事となってくる。あらかじめそれを知って注意を払っていれば、うまく避けて通ることもできるし、またやむなく困難な事態に直面した場合でも、知恵を働かせてそれなりの対処が可能となるものである。

そのことは、言葉を換えれば「社会が若い人に何を求めて、何を求めていないか」を考えることと同じで、つまり、実社会が求めていること、あるいは求めていないことを理解していれば、少なくともしなくてもいい失敗は避けることができると考えている。

本書を執筆するに当たっては、できるだけ抽象論や精神論にならないように心がけたが、テーマそのものが組織のあり方や人と人との人間関係、そして究極的には人の生き方や価値観にも深く関わるものであるので、単にスキルアップのためのノウハウものにならないように気を付けたつもりである。「仕事」だけのことでなく「仕事と人生」としたのは、そんな思いからである。

しかし、いずれにしてもすべて私の経験の中から考えてきたことであるので、断片的で体系的なまとまりに欠けているし、また取り上げたテーマも偏っていることだろうし、内容も独りよがりのものが多くなっているにちがいない。きっとたくさんの異論もあることだろうと思う。

けれども、それらは私自身がこれまで多くの失敗を重ね、その度に反省しながら心の中に芽生えてきた思いだから、この点はひたすら理解を求めるほかない。ただ本音で伝えたいことを記したつもりなので、私の本心をきっと感じ取っていただけるものと信じている。

ここに書き記したことが、社会で頑張っている人の少しでもお役に立つことになれば、とても幸せなことと思っている。

著者記す

君にできないはずがない　目次

心得①　仕事が好きな人などいるだろうか

■もともと仕事はそう楽しいものではない。
■楽しくない仕事をいかにも楽しそうにやっている人はいる。
■認められ感謝されることが働くことの最高の「報酬」である。

仕事が好きな人など果たしているだろうか。

「生まれつき働くことが好きな人がいるはずはない」とスイスの哲学者カール・ヒルティは「幸福論」の中で語っているそうだが、私も全く同感である。働くことつまり仕事というのは、それ自体そう楽しいものではない。思い通りにいかないことがあまりに多いし、楽しいどころか、辛く苦しいことも少なくない。働けば厄介なことばかりが多く、そんなものが面白いはずがない。面白くもない仕事が好きになれるはずはないのである。

けれども社会には、少数かもしれないが、そんな面白くもない仕事をいかにも楽しそうにやっている人がいるものだ。そのような人は、仕事が好きでたまらないようにさえ見えてくる。そこで、どんな人たちだろうかと目を凝らして眺めてみると、ほとんどの場合、周囲の人から認められ感謝されて仕事をしている人であることがわかってくる。「なるほどなあ」と、ひそかに納得するのである。

人から認められ感謝されることは嬉しいものである。人間はそのようにできているようだ。自分のことを認めてくれ感謝してもらえれば、それまでの苦労はきれいに消え、もう一度頑張ろうという気にもなる。人は認められたり感謝されることによって、俄然やる気が出てさらに前向きに取り組もうとするようになる。私もこれまで弁護士、市長や知事、そして現在と、いろいろな仕事を経験してきたが、認められたり感謝されることで得られる満足感や達成感は格別のもので、これが働くことの最高の報酬だと思っている。よく「報酬以上の仕事をする」という言い方があるが、金銭では推し測れない、金銭を超えた報酬というものがこの世の中には存在することを知っておいて損はない。前向きに仕事をするうえで、これ以上ないモチベーションとなりうるのだ。

感謝され頼りにされている人は、働くことに強い誇りと使命感を持つようになる。そうなったらしめたもので、辛く難しい仕事をしているのに、いかにも楽しそうに見えてくるのはまさにそんな時だ。つまり人から感謝されることは、仕事を好きになる好ましい循環を生むことになる。

どうやらこのあたりに、楽しく仕事に取り組み、働くことが好きになるためのヒントが隠されているように思われる。人から認められ感謝されるように頑張ることが、働くことに喜びを感じかつ仕事を成功に導くための最も近道であるに違いない。

ちなみに、ヒルティは先の言葉に続けて、「働く事が好きになる為には、自分で考え、自分で経験する事だ。我を忘れて仕事に没頭できる」、どんな仕事でも「真面目にそれに没頭すれば間もなく興味がわいてくるという性質を持っている」と語っているが、これはこれでもっともなことと思う。しかし私は、その我を忘れて没頭するためにも、周りから喜んでもらい感謝されることが、何よりも重要になると考えるのである。

生まれつき働くのが好きな人はいないが、何かをきっかけに好きになって働く人は間違いなくいる。私は、そういう人になりたいと心から願っている。

心得②

やりがいのある仕事とは何か

■仕事は実際にやってみなくてはわからない。
■転職はそれなりの覚悟がいる。
■「やりがい」は周りが認めてくれるかどうかにかかっている。
■「天職」は若い人が使う言葉ではない。

「あなたは自分が選んだ仕事に満足しているか」と若い人に尋ねてみると、少し顔を曇らせながら、満足していないと答える人が多い。「そういえば、私もそうだったな」と、若いころの自分を振り返って納得するのである。

アメリカのある調査によると、職業選びは希望通りにいかないことの方が圧倒的に多いといいう。このことは日本でも同じであろうと思う。

私の場合、きわめて恵まれていたとしか言いようがないが、社会に出てすぐに、学生時代に希望していた弁護士の仕事に就くことができた。けれども、その後十数年ばかりして弁護士から全く違う政治（行政）の世界へ職業を変えてしまったのだから、当時弁護士の仕事にどこまで満足していたのか疑わしい。この点はいまだによくわからないでいる。社会に出る前の希望などというのは、十分に考え抜いたものというより、どちらかと言えば断片的な情報からイメージした甘い願望のようなものにすぎないのかもしれない。

学生時代の私は、誰かに管理される会社勤めよりも、自分の才覚を自由に発揮できる個人で独立した仕事に強い憧れを抱いていた。もちろん弁護士を志した理由は別にもあったが、人に管理されないという意味で、私の思いとピタリ合致していた。

だが、実際に社会に出てみると現実は違っており、そのギャップに戸惑わされた。自由な世界というのは、言い換えれば自己責任が支配する世界であって、個人の判断で采配をふるえる自由がある反面、当然ながらすべてのリスクを自分で負うことになる厳しい世界でもある。自由気ままにふるまえるような、そんななまやさしい世界では決してなく、実際私もそれなりに試練を味わってきた。

その一方で、社会に出てからあらためて周りを眺めてみれば、無数にある会社の中には実にさまざまな人材が溢れていて、その人たちが社会をたくましく動かしているという当たり前のことを気づくようになっていった。特にチームを組んでダイナミックに事業を展開していく企業の姿に、ある種新鮮な魅力を感じるようになり、次第に管理されることに拒否反応を示してきた若い時分の思慮の足りなさを思い知ることになった。企業や組織というのもなかなか面白いものだなと見直すようになったのである。仕事というのは実際やってみないと本当にはわからないものだ。今になってつくづくそう思っている。

少しばかり仕事に慣れてくると、他の企業や別の職業に目が向くようになり、今の仕事は向いてないので「やりがいのある仕事」にと転職を考える人が出てくる。幸せの青い鳥を探す人の話はよく聞くことだ。最近は転職ブームと言われ、若い人だけではなく幅広い世代で転職が当たり前になりつつある。いろいろな仕事に挑戦できるチャンスが広がること自体は、大いに歓迎していいことだと思っている。

けれども、思い切って転職することによって未来がひらけていったケースがあることも否定しないし、またいわゆるブラック企業のような会社に入ってしまったケースを考えると、できるだけ早く辞めて他の仕事を探すべきだが、しかし総じて会社や職業を変えたところで、やりがいのある仕事が見つかる保証などどこにもない。むしろ後悔している人も少なくないと思われるが、そういう人の声はあまり聞こえてこない。誰も自分の失敗は話したがらないものだ。

要するに、転職はそれなりの覚悟がいるということである。軽い気持ちで考えていては後悔することになる。これが悩ましい現実だと思う。

「青い鳥」の話は、その鳥を探す旅に出てみたものの捕まえることができず、あきらめて家に帰ってみれば青い鳥はそこにいたという内容なのだが、つまり初めからそこにいたのに見えなかった、見ようとしなかったことを暗示しており、転職してから元の仕事の良いところに気づくことにも通じる寓話である。

やりがいのある仕事をしたいとは誰もが思うことである。しかし、真にやりがいのある仕事とは、どういう職種でどこの会社に勤めているかにあるのではなく、自分がやっている仕事を周りがきちんと認めていてくれているかどうかにかかっていると思う。自分のことをしっかり認め評価していてくれれば、それはまさにやりがいのある仕事ということができるのである。どうかこのあたりことを間違わないでいただきたいと思う。

世に「天職」という美しい言葉があるが、これは長い間一途に仕事に打ち込んできた人が、自らの人生をしみじみ振り返った時に使う言葉であって、社会経験の少ない若い人が安易に使う言葉ではない。

心得③ これほどの努力を人は〝運〟と言う

■努力は人に見せなくていい。

■運がいいと言われたら「しめた」と思うことだ。

■本当に努力している人は努力していることの実感さえない。

この言葉に出会ったのはもう三〇年以上も前のこと。確かプロ野球の最多安打記録を持つ張本勲選手のインタビュー記事だったと記憶している。張本選手はこれを〝打撃の神様〟と称えられた川上哲治氏から贈られたという。

読むなりすぐにこの言葉は私の心をとらえ、記事を切り取って、変色して紙がボロボロになるまで何年か部屋に貼っていたことを、今も鮮明に思い出す。

何が私の心をとらえたのか。

それは、

「努力は他人に見せるためではない」

「努力は人の目の届かないところですればいい」

「人から運がいいと言われたら、うまくいっていることの証《あかし》であって、『しめた』と思えばいい」

という、強く前向きな生き方への共感であった。

以来この言葉は、周りの視線や評価に対して、どう受け止めどう振る舞ったらいいのかを教えてくれる大切な言葉となった。後に私が政治の世界に足を踏み入れてからも、また現在もなお、そうありたいと思う気持ちをは変わっていない。運というものをそのように捉えた方が人生は魅力的であるし、生き方としても十分カッコいいと思えるからである。

例えば、あなたが誰かから自分の成功に対し「運がいい人」と言われたとすると、内心では「何もわかってない。私がどんなに苦労をしてきたのか知らない人だ。見えないところでこんなにも努力をしてきたからこそ結果が出せたのだ」と、つい愚痴っぽく言いたくなることもあるに違いない。そこで、もし努力し苦労してきた思いのたけを相手に伝えたならばどうであろうか。「それは大変だった。立派だ。見直した。すごいね」などと、相手からはそれなりの称賛の言葉が返ってくるかもしれない。

自らの苦労話や努力の軌跡を告白することは、ある種の快感が伴い、ついそれを口にしたい誘惑にかられるものである。人から褒められたり認められたりすることは、誰しも悪い気がしない。しかしよく考えてみれば、自分の努力をいくら言い募ってみても、それは所詮自画自賛のことであって、相手からその場でいくらかの褒め言葉を聞くことはできても、それ以上に人を感動させることにはならないと思う。人知れず努力するからこそ、真に人の心を打つのである。

そしてさらに、より本質なことになるが、本当に努力して頑張っている人というのは、そもそも自分が努力しているということさえ知らずにいるのではないか。そんな人は、いつも気負うことなく仕事をしているように見えるし、また本人も、自分が無理をしているなどという自覚はない。頑張っている人ほど、自他ともに努力を感じさせないものである。その境地こそ、球界のレジェンドとなりえた張本選手や川上選手の言葉の中にある本当の意味でありメッセージなのではないだろうか。

まあ、そんな境地に達しない私は、じっと黙って少しばかりの努力を続け、ささやかな自己満足を味わっているのだが、しかしそれだけで十分魅力的なことと思っている。

幻冬舎社長の見城徹氏が、その著書『たった一人の熱狂』の中で、自分の口癖は「これほどの努力を人は運と言う」だと書いている。

私は氏の文章を読んで、この言葉に自分と同じ熱い思いを感じている人にはじめて出会い、とても嬉しい気持ちになった。それまでの私は、こんなに魅力的な言葉なのにどうしてもっと広く人の口の端にのぼってこないのかと、不思議でならなかったからである。しかし、出版業界にあって多数のベストセラーを世に送り出してきた見城氏が、長年これを口癖にしてきたことを知り、あらためて愛着の気持ちを強くしている。

ちなみに、見城氏は私とほぼ同年齢であることからして、氏も私と同様、この言葉との出会いは三十年以上前にさかのぼるのかもしれないなあと、ひとり想像を膨らませている。

心得④

この世の出来事は偶然によって決定する

- 運を軽く見てはならない。
- 想定し計画された偶然というものもある。
- 努力しない人には運もツキも回ってこない。

何ごとも努力することは大事なことであるが、それでもなお世の中には、努力とは別のところでものごとが決まることが少なくない。やっぱり運を軽く見てはならないと思う。

振り返ってみると、私が最初に市長選に出馬することになったのは、世間によくある、ごくありきたりと言ってもいいような人とのつながりからであった。それまでの私は政治活動とはほとんど無関係にきたし、政界に特別な太いパイプを持っていたわけではなかった。もちろん政治家を志す気持ちもなかった。ある時突然候補者になることの要請を受けたが、それはまさしく晴天の霹靂《へきれき》だった。人生の大きな転機にもかかわらず、そのきっかけは文字通り前触れもなくやってきて、私も家族も驚愕するとともに逡巡した。最終的には出馬の決意を固めることになったが、それはぎりぎりのタイミングになってからだった。もしそこで出馬を見送っていたら、その後の私の人生は一体どのようなものになっていただろうと、今もしみじみ考えることがある。そして、この世のことは何と「偶然」が契機になって決定していくものかと、いつも痛切に思うのである。

厳しい選挙戦に勝って当選できたのもまた運がよかったからと思っている。新人が立候補する選挙において、候補者が勝利に貢献できる度合いなど本当に低い。国政選挙であれ地方選挙であれ、選挙というのは、よって立つ支持政党や支援団体の広がり、その時どきに直面する課題など、取り巻く政治情勢のすべてが複雑に絡み合って票の争奪戦を繰り広げる。そこでは候補者個人の能力や努力などあまりに小さい。私が当選を勝ち取ることができたのは、やはり個人の力を超えた運とかツキと呼んでもいいような何かが間違いなく差配していたからに思える。

もっとさかのぼれば、大学時代司法試験に合格できたのもそうだったかもしれない。確かに大学の二年間くらいは、自分なりに必死に受験勉強に打ち込んだ。最終合格率は数%と言われていただけに、ある程度実力を備えなければ合格できない難しい試験であったことは事実である。しかし、私の周りにはいつ合格してもおかしくないレベルの受験生がたくさんいた中で、早い時期に浪人の苦労をせずに私が合格できたのは、やはり運がよかったからに違いない。そのことに対しても、いま私は感謝しても感謝しすぎることはないと思っている。

そう、やはり運とかツキというのが私たちにはまとわりついているのであって、これを軽んじることはできない。

けれども、そうした運やツキ、偶然というのは全く人知の及ばないものなのかと言えば、決してそうではない。自分から運やツキを呼び込んでくることも十分可能と思っている。言ってみれば「計画された偶然」あるいは「想定した偶然」と形容できるもので、普段からしっかりそのための準備をしていれば、運やツキに自ずと近づいて実現していくものである。世の中には不思議と運やツキが寄ってくるという人がいるが、そんな人は、意識するかしないかは別にして、常日頃から運を呼び込む準備と努力をしている人である。

計画された偶然があると考えれば、運やツキ、偶然の見方もずいぶん変わってくるし、運をぐっと自分に引き寄せることができるような気になってくる。

よく「努力は必ず報われる」というが、報われない努力もある。最後は運次第である。しかし、努力をしない人には運もツキも最後までめぐってこないものである。

心得⑤ 会社に欲しい人材1 挨拶ができる人

- 挨拶はしっかり声を出す。
- 挨拶は相手より先にするのが鉄則。
- ねぎらいの言葉も忘れない。

ある大手企業のトップから、会社に欲しい人材の条件を聞いたことがある。①挨拶ができる人、②人の話を聞ける人、③我慢強い人、の三つであった。これさえ備えている人ならば入社後に十分鍛えがいがあると、何のためらいもなくその人は言う。

そこで、ここではまず、「挨拶ができる人」を考えてみたい。

挨拶が大事なことなどあらためて説明する必要はないと思うものの、現実はこれができない人が実に多い。くだんのトップも、これまで挨拶ができない人をいやになるほど見ているからそう言うのであろう。人に会った時、また別れ際などに「おはよう」「はじめまして」「お先に失礼します」「さようなら」などという挨拶は、いわば基本中の基本で今さら説明の必要はないだろう。

ただ、この場合にもポイントがあって、

①きちんと声を出して言うこと、

②相手より先に言うこと

で、それに笑顔が伴っていれば申し分ない。

挨拶というのは、相手の存在を認め、気持ちよく相手に近づいていくための第一歩とみることができるので、相手の心に響くようしっかり声が出ているか、先に言えるかどうかはとても大きいと思う。こちらから挨拶しないと、相手も黙っているというケースが実に多い。また、相手から先に挨拶され、それに促されてするようでは、印象が薄く効果半減と言わなければならない。相手の方が一枚上手ということになる。そしてその際笑顔であれば、相手からも自然に笑顔を誘うことができるので、これも心掛けたいものである。

意外と見過ごされているのが、「ありがとう」という感謝の言葉、さらに言えば「ご苦労さま」「お疲れさま」という労をねぎらう言葉で、これも大切な挨拶である。相手のことを気遣いかつ尊重する、忘れてはならない挨拶に違いない。

例えば、仕事の相手から「もしもし、○○さん」と電話がかかってきたとしよう。それに対し、

「はい、○○です。電話をありがとうございます」

「○○さん、いつもご苦労さまです（お疲れさまです）」

と一言付け加えるだけで、相手の受け止め方はずいぶん違ってくる。気分が悪かろうはずがない。もちろんこのことは電話だけに限らない。対面の時も全く同じである。

また帰りぎわなどに、頑張ってくれている部下や仲間などには、

「遅くまでご苦労さま。ありがとう」

「いつもありがとう。お疲れさまです」

と言い添えるだけで、ほのぼのとした温かみを人に感じさせ、やる気を起こさせるものである。先輩に対してであれ、同僚または部下に対してであれ、人間関係を円滑にさせ、かつ相手に好印象を与える最高の声掛け、それがすなわち挨拶なのである。

これはそう無理をしなくても誰でもできることだ。すぐ実践してみよう。それが習慣になって自然にできるようになればしめたものである。

心得⑥ 会社に欲しい人材2 黙って人の話を聞ける人

- 最後まで話を聞くことは最低限のたしなみ。
- しっかり聞くことは相手への敬意のあらわれ。
- きちんと聞くことができる人は想像以上に高評価。

ある企業のトップから聞いた三条件のうち、人の話をよく聞くことについて少し触れてみたい。

最近、人の話を聞くことができない人が増えていると言われている。なるほどそうだなと、私も思うことがある。かつて何度も経験したことだが、人が話をしているのにその途中で口をはさんで話を中断させ、悪びれることなく平気でものを言う人がいる。こうした人には、正直がっかりさせられた。なぜ最後までしっかり話を聞けないのだろうかと、時には苛立ちさえ感じた。そんなことが続くと、思わず「最後まで聞くように」とたしなめることもあったが、それでも効果がない人もいた。そんな時、私は、「ああ、この人は損をしているな」と気の毒にさえ思ったものだ。

人の話をじっと聞くというのはそれなりに難しいものである。つい自分がものを言いたくなる場合があることは理解できないわけではない。特に、だらだらとまとまりのない話を聞かされる場合には同情する。しかし、話の途中で口をはさんでくるのは、最後まで聞いていないのにすっかりわかったような気になっている場合が多く、肝心なことを聞き漏らしているか、いわゆる早合点して誤った受け止め方をしていることが多い。また、気をまわしすぎて先走りをするケースもある。さらに、上司などから小言を言われて言い訳したくなる場合もあるだろう。だが、特に先輩や目上の人の話の時には、最低限のたしなみとして、最後まできちんと聞いてから発言する態度をとってほしいと思う。十分聞いてからしっかり発言すればいい。

もちろん、相手に明らかな間違いや誤解があって場違いな話をしている場合などは、話の途中に割って入ってでも早くそれを知らせてあげることも大切なことであるが、それとこれとは全く別の話である。

また、とことん聞こうという姿勢を貫くことは、話し手に対する敬意の表れにもなり、話し手の方もまた、より真剣に話すことを心掛けるようになり、双方に良い効果をもたらすものである。実は、相手の言うことを最後まで静かに聞くという姿勢は、一般に想像されている以上に、その人の評価を左右する意味をもっている。とりわけそれが初対面であった時や、交渉ごとのような場合はなおさらだ。しっかり相手の目を見て真剣に聞き取ろうとする姿勢は、自分の考えをペラペラと述べる人よりも、はるかに落ち着きがあり重みのある印象を相手に与える。場合によっては迫力すら感じさせるものである。そういう印象を与えることに成功すれば、その話し合いのアドバンテージはこちらのものとなる。にもかかわらず、そのことを知らずに相手の話をよく聞こうとしない人には、なんともったいないことをしているのかと、私は同情したくなるのである。

よく練れてない、まとまりに欠ける自説を述べるよりも、相手を尊重しながらしっかり話を聞き取ろうとする姿勢こそ、自らが成長するための大事なプロセスであると考えている。

注意深く眺めてみるといい。一流と言われる人は、相手に十分話をさせ自らは聞き役に徹するという役回りを、実にうまく行っている。そういえば、ずっと前ある政治家から聞いたことだが、旧約聖書に「賢者は聞き、愚者は語る」という言葉があるらしい。政治家もしゃべり過ぎることがないよう自戒してのことだろうと思うが、しかし、どんな世界であっても、黙って聞くことはまさに賢者のふるまいなのである。心したいものだ。

心得⑦

会社に欲しい人材[3] 我慢強い人

- 我慢強さは最大の武器である。
- 我慢強い人は困難から逃げないし、やすやすとあきらめない。
- あきらめなければ失敗ではなく、またチャンスがめぐってくる。
- 我慢強い人は寛容になれるし、卑怯なふるまいをしない。

「我慢強い人」というのは、どんな世界であっても無敵の存在で、これによって相手からも身内の仲間からも大いに信頼される。極論すれば、我慢ができるというだけで尊敬される存在である。社会生活にあって、我慢強さは優れた能力であり最大の武器なのである。

最近の若い人は「切れやすい」などと形容される。私は、まだそんな姿に直接出会ったことがないのでよくわからないが、おそらくこの「切れる」とは、自分の意に沿わない事態に遭遇した時に、これを拒否する気持ちが爆発してしまうとこうなるのではないかと想像している。けれども、社会では意に沿わないことはざらにある。いちいち爆発していては身が持たない。

どんな仕事であっても、スムーズにうまくいくことなどそうはないものである。あるいは、うまくいかないからこそ仕事と言えるのかもしれない。仕事というのはそうしたもので、だからこそ組織はメンバーが結束し、力を合わせることを必要とする。当然のことながら、メンバーは相互に助け合い協力し合っていかなくてはならないが、この助け合いのために求められる最大の資質が我慢強さである。

我慢ができない人は、しばしば現実から逃避して責任を負わない。他人のせいにする。これに反し、我慢強い人は困難から逃げない。この逃げずに食らいつく姿勢こそ、メンバーからはもちろん、時にはビジネスの相手からも信頼を呼び込むことになるのだ。そんな人間を企業が欲しがるのは当然のことである。

また、我慢強い人というのは、自制心を持っている結果として相手に寛容になれる。この寛容さを持ち合わせている人は、卑怯なふるまいをしなくてすむし、むしろ思いやりの心でものごとに応対できる。これは天性として備わっている場合もあるであろうが、一般に修練によって身につけていくべきものである。努力さえすればこの資質を手に入れることができるということが肝心なところである。

また、我慢強い人はそうやすやすとあきらめない。そう、ネバーギブアップである。あきらめなければ失敗ではないのであって、またチャンスがめぐってくる。私自身、そうした人にはもう一度やらせてみたいと思ったことが何度もあるし、同じように考えている人は社会にたくさんいるはずである。チャンスがあれば失敗はいくらでも挽回できるものである。企業は、そんなたくましい人材を求めているのだ。このこともまた知っておいて損はない。

もちろん、我慢さえしていればそれでいいというものではないが、我慢できなくては手の施しようがない。

我慢強い人かどうかを見抜くには、少しの時間その人と話してみることだ。まずしっかり話を最後まで聞くことができるかどうかで第一段階の判定がつく。これができない人はたいていの場合、その後に期待を裏切られることが多い。先の企業トップから聞いた三条件の一つがここでも当てはまってくる。ひょっとしたらそのトップの言う、〝人の話を聞くこと〟と〝我慢強いこと〟とは同じことを言っているのかもしれない。なるほどと、これも得心がいく。

いずれにしても我慢強い人は、何事においても無敵と思って間違いはない。そして我慢強さは努力で手に入れることができることもまた知っておくべきことである。若い人には、そうできるよう日々精進してほしいと願っている。

コラム

「三」という数字は座りがいい

——ある陶芸家の話——

会社に欲しい人材の三条件にあるように、ものごとを表現するのに「三」という数字はとても落ち着きがいい。「二」ではどうも少ないし「四」では多いような気がする。やはり「三」がちょうどいいようだ。何とも座りがいいのである。

このように「三」という数字はほどほど座りがいいのだが、それ以上にこの数字には、何ごとかを言い表す場合などに、簡潔でかつ要を得た印象を与えてくれる。例えば、人に何かを説明したり意見を述べたりする時に、その理由や根拠を示すことはよくあることだが、この場合も大切なことを三つくらいに絞ることができれば、とてもわかりやすくていい。もちろんケースにもよるが、五つも六つも羅列すればかえって言いたいことがぼやけて散漫になってしまうことがあるし、そうかといって一つ二つでは何か物足りなさを感じることもある。プレゼンの時などを思い起こしてみるとこれがよくわかるし、日常「要領よく、簡潔に」などと言われる場合にも通ずることである。

ところで、本書の別のコラムでも「紳士の三条件」という話を取り上げたが、昔から「三」でものごとを表現した識者や著名人の名言や至言のたぐいはたくさんあるようだ。しかし、それらは名言集や格言集などをご覧いただくこととして、ここでは私が親しくしているある陶芸家から聞いた「三」にまつわる話を紹介したいと思う。

その陶芸家は代々続く名門窯元の主人で、一人息子もまた家業を継いで伝統工芸の道を歩み、今では父子そろって陶芸界で活躍中の人である。

今から二十数年前のこと、その息子が陶芸を学ぶため京都の大学に入り、親元を離れ一人住まいを始めるに当たって、父親は息子に次のことを言い聞かせて送り出したという。

それは、学生時代にぜひやってほしいこととして、

一、茶道

二、書道

三、英会話

の三つを、また学生時代に必ず守ってほしいこととして、

一、カルト教団など新興宗教に近寄らないこと

二、一気飲みは絶対しないこと

三、無謀な冬山の登山はしないこと

の三つであったという。ああ、親心だなあとしみじみ思う。

その意図について、くだんの陶芸家は私に何も説明らしいことを言われなかったが、もちろんその意味するところは大体推測がつく。

やってほしいことのうち、まず茶道については、陶芸家が手掛ける茶碗や水差し、花入れなどは茶道に欠かせない道具であり、それが使われる世界のことを身をもって学ばせようというのは理にかなったことである。とはいえ、実は陶芸家なら誰もが茶道に通じているかといえば決してそうでない

らしく、その世界のことを十分知らずに作陶している陶芸家もいると聞く。別項でも書いたことだが、何ごともやってみることである。

書道は意外な感じがしないでもない。陶芸とは直接結びつかない。頭の中に浮かんでくるのは作品を納める箱書きのためだろうかとも思われるが、それに加えて、絵付けなどに必要な自在な筆使いや美意識の涵養のためではないかと想像している。

そして英会話であるが、これは私も陶芸家とお付き合いをしていてよくわかっている。今や陶芸は国際的な芸術である。海外で展覧会を開くことをはじめとして、外国との交流は避けられないものとなっている。陶芸家の父が息子に英語を学ぶように勧めるのはけだし当然のことであろう。

禁止を求めた三つの事柄については付け加えるべきことは何もない。親としては、どうしても子供のため心配したくなることである。

きっと父である陶芸家は、離れて生活する息子を思っていろいろ考え抜いたのであろう。その中からこれらの三つを選び大学へと送り出したのである。この三つに絞ったことが私にはとても興味深い。まだまだ言いたいことはあったはずと思うが、結局これらに落ち着いたということだろうと思われる。

親の気持ちを子がどう受け止めたかは、私にはわからない。しかし、いまや陶芸界の中堅どころとして大いに活躍している姿を見るにつけ、きっと心に響くものがあったに違いないと考えている。

親というのは、いつまでたっても子供のことが心配でならない。これは親になってみないとわからないことである。

心得⑧

まず自分がやってみる、自分でやってみる

- 他人任せにせず自分が進んでやる。
- 人の仕事の難しさを自分でも体験する。

何ごとも自分でやってみることが大切と考えているが、これには二つの意味がある。

一つは、他人任せにせず自分が進んでやる姿勢を示すという意味で「率先垂範」のことである。

会社や組織には役割分担というものがあって、大体誰が何をすべきかがあらかじめ決まっている場合が多い。従って、他人の領分にまでむやみに手を伸ばしていくことはかえって混乱をもたらすことにもなりかねない。そんな場合にはその担当に任せておけばいいのであって、自分が受け持つ守備範囲のことに専念すべきである。もちろん、時にチームの中で仕事が思うよ

うに進まず困っている人があったならば、その人に手を貸してあげれば喜ばれるであろうし、それがチームの助け合いである。やたらと出しゃばっていくこととは意味が違う。

問題は、役割分担があいまいではっきりしていないケースである。そんなケースでは、いずれ誰かがやってくれるだろうと傍観することが多い。仮に誰もやらなくても自分だけが叱られることにはならない。けれども、そこであえて自分がやってみる。少し勇気が必要かもしれないが、自分でトライしてみる。これはすごく大きい。自ら進んでその役割を受け持つ姿勢は、誰から見ても頼もしく思われるに違いない。しかも、そういう役割を担うのは一般に上司や年長者と考えがちであるが、実は全く違う。職場における地位や年齢やキャリアに関係なく、それができる人が必ずいるのである。

とはいえ、いざ実行するとなるとそう簡単なことではない。誰も手を付けずに宙ぶらりんの仕事というのはとかく厄介なものであることが多く、下手に手を出せば思わぬ火傷《やけど》を負うようなこともある。しかし誰かがやらねばならないとすれば、それを自ら率先して行う者こそ真のリーダーであると言えよう。これによってチームのメンバーは、あなたにしっかりついてくるようになるはずである。

いま一つは、自分で実際にやってみることによって、その仕事がどれだけ難しいかを身をもって体験することである。やってみなければわからないことは案外多い。

普段仕事をするうえで、ただ聞くだけでは本当の姿がわからないのはよくあることで、実地に自分がやってみることによってはじめてその難しさがわかることが少なくない。どんな仕事でも、自分でやってみなければ絶対にわからないことが存在するもので、なかでも仕事の難しさや困難さといったものは、人から説明を受けるだけでは十分理解できないことが多い。やはり自分で経験してみてはじめて実感できるのである。

例えば、取引先などを回る営業の仕事の難しさは、管理部門でもっぱらデスクワーク中心の人にはなかなかわからないし、また現場でモノづくりに従事する人の苦労は、オフィスで図面をもとにあれこれ指図する人にはうかがい知れないことが多い。もちろんそのまた逆も同じである。

人の仕事の難しさが理解できれば、状況把握が正確となり的確な指示につながって、判断ミスを犯す確率も減少することになる。

しかし、それよりも何よりもずっと重い意味を持つのは、難しい仕事に取り組み奮闘しているスタッフや仲間に対して、その役割の重要性や価値をきちんと認めるようになることである。その結果、正しく評価する態度やスタッフへの感謝の気持ちも生まれ、仕事の苦労を皆が共有することで志気が上がるだろうし、チームワークがより強固になるのである。

ちょっとした機会に、現場に出かけて仲間の仕事を手伝ったり、また場合によっては一人ひそかにやってみることで、まずは自分で経験してみよう。やってみなければわからないことをきっと発見するはずである。

まず自分がやってみる。チームは必ずあなたのその姿を見ていて評価を変えてくるに違いない。また、自分でやってみる。それで仕事の実態や難しさを知ったならば、チームの仲間にそれをどうフィードバックするのかを考えてみよう。あなたの評価はガラッと変わるに違いない。

心得⑨

想像力に勝るものはない

- 想像力には最大の敬意を払うべきである。
- 想像力には理性も感情も直感も働いている。
- 「取り越し苦労」こそ理想の危機管理である。

「想像力」という言葉の中には無限の価値が内包されているようだ。だからこそ、多くの先人たちはこの言葉が持つ価値に最大級の敬意を払ってきた。

そんな先人の言葉から、世によく知られたものをいくつか挙げてみたい。

科学者アインシュタインは「想像力は知識より大切だ。知識には限界があるが、想像力は世界を包み込む」と言っている。そして政治思想家マキャベリもまた「軍の司令官にとって最も重要な資質は何かと問われれば、想像力であると答えよう」（『君主論』）と語っている。日本人でも、長年古代ギリシャ・ローマの歴史を研究してきた作家の塩野七生は「政治家に最も必要なものは想像力である」と言っているし、同じく作家の寺山修司もまた「人間に与えられた能力のなかで、一番素晴らしいものは想像力である」（『ロング・グッドバイ』）と述べている。このほかにも想像力に関わる著名人の至言は枚挙にいとまがない。

なかでも私の好きな批評家小林秀雄が、「想像力の中には理性も感情も直感もみんな働いている」（『学生との対話』）と語っているのが印象的である。この言葉は、想像力の本質を見事に言い当てているような気がしてならない。そう、想像力には理性だけでなく、感情も直感も含んでいるのだ。それゆえ見えないものが見えてくるのであって、これは人間に与えられた崇高かつ無限の可能性を秘めた能力である。

想像力が重視されるのは、先行き不透明な状況の中で、ものごととどう向き合いどう意思決定すべきかが問われているからである。世の中には一般に考えられているほどわかり切ったことは多くなく、予測がつかず霧がかかって先が見えないことばかりがやたらと多い。それゆえ、私たちはどう考え何をすべきか、まさしく想像力の領分である。

ところで、より現実に即して言えば、私たちは常に想像力をフルに働かせ、できるだけ最悪ための事態に備えて準備しておくことがベストと言えよう。特に、危機管理などリスクを回避するためには最重要なことである。

最悪のケースを想定しておけば、それ以外のどんな事態にも冷静かつ柔軟に対処できるものである。そして幸いにも最も悪い事態が回避できた時、それまでの準備は無駄になったように見えるが、誰でもそんな無駄なら大いに歓迎のはずだ。これを「取り越し苦労」「骨折り損」という言い方をすることもあるが、危機管理においては、この取り越し苦労こそ最も理想的な姿であると私は考えており、まさに想像力の賜物と言えよう。無事に仕事を完遂するためにこそ、想像力は求められるのである。

もちろん想像は、最悪の場合だけに限らず、うまくいって最高の状況になることも頭に思い浮かべておくことが大事だ。そのイメージがあるからこそ、さまざまな課題に挑み困難を乗り越える知恵がわいてくる。また成功した時の喜びも倍加するものだ。常に最悪そして最高の結果を想像してみよう。仕事ができる人は、豊かな想像力を持ち合わせている人でもある。

心得⑩ 「誠実」こそ最高の特性

- 困難から逃げようとしない。
- 自己欲を抑える。
- つまらないプライドは捨てる。
- できるだけ謙虚に。
- 仲間を大切にする。
- 孤独に耐える。

人間の特性で最も大切なのは「誠実」さである。「真摯」という言葉に置き換えてもいいが、いずれにしても誠実な人は誰からも信頼され好まれる。誠実こそあらゆる社会生活の基本であり、全ての人間関係で最重要な原理原則である。

かつて私は大学で法律を学び始めたばかりのころ、民法第一条に「権利の行使及び義務の履行は、信義に従い誠実に行わなければならない」とあるのに出会って新鮮な驚きを覚えた。これは信義誠実の原則というのだが、法規範の中にも、このような倫理上、道徳上のことが記述されていることに不思議な感じがしたのであった。しかし、考えてみれば当然のことで、いくら法やルールに則《のっと》っていても、人間として許されない行為があるという原理はあくまで正しい。誠実であることは、社会生活における最良の特性に違いない。

その一方、誠実さや真摯さに欠ける人は決して信用されることはない。P・F・ドラッカーは「真摯さはごまかしがきかない。一緒に働けば、その者が真摯であるかどうかは数週間でわかる。部下たちは、無能、無知、頼りなさ、無作法など、ほとんどのことは許す。しかし、真摯さの欠如だけは許さない」（『現代の経営2』）と指摘している。ここで言う真摯さは誠実さのことであろうと思う。部下を持つ身には恐ろしい現実だが、その通りだと思う。誰からも許してもらえないのだ。不誠実な人は、やがて近くに寄って来る人がいなくなる。これが当たり前の現実である。

とりわけ仕事のうえで不誠実と感じるのは、

①自分だけは安全な場所にいようとする
②自分は動こうとせず人に任せる
③言い訳ばかりする
④他人のせいにする

などのケースである。これらの人には、ひどく失望しがっかりさせられたものだ。そんな人に対して私は、しばしば自分から遠ざかるようにしたこともあったが、今でもそうしてよかったと思っている。

しかし、かく言う自分とて人からどのように見られていたかわからない。本当に誠実で真摯であったかどうかは全く自信がないが、少なくともそうならないようにと自分では心がけてきたつもりである。

そのために自分に言い聞かせ、心がけてきたことはいろいろだが、

心得⑩

①困難から逃げようとしないこと
②自己欲をなるべく抑えること

③つまらないプライドは捨てること
④できるだけ謙虚になること
⑤仲間を大切にすること
⑥孤独に耐えること

などである。これらは誠実さに近づくために絶対に必要なものと思っている。

どれも難しいことばかりなので、うまくいったかどうかはわからない。特に自分の中にしっかりと抱え込んでいるプライドなるものは、たいていの場合つまらないものが多いこととわかっていても、どうしても意地を張りこだわってしまうことがある。心がけが上手くいったかどうかは、これからの人生でやがてわかってくるだろうと思っている。

誠実とか真摯と真逆の言葉は「卑怯《ひきょう》」であろう。与謝野晶子の詩に、そのものズバリの「卑怯」というのがある。

「その路《みち》をずっと行《ゆ》くと死の海に落ち込むと教えられ、中途で引き返した私、卑怯で利口者であった私、それ以来　私の前には、岐路《えだみち》と迂路《わかれみち》とばかりが続いている」(「晶子詩篇全集」より)

岐路と迂路ばかりの人生にならないようにしたいものだ。

心得⑪

信頼は「真剣さ」から生まれる

- 真剣な人には怒ったり叱ったりする気にならない。
- もう一度チャンスを与えようという気になる。

人から信頼されることは、そう簡単なことではない。

そもそも信頼とは何だろうと考えてみても、実にこれが曖昧ではっきりしない。例えばそれは、行動力や実行力、調整力や企画力、胆力や持続力といった人の能力からくるものかといえば、決してそうではない。まして計算力や記憶力といった頭脳の明晰さとも違う。あるいは、正直さや謙虚さ、礼儀正しいことなど、その人の人格的なものだろうか。だいぶ近いように思えるものの、どうもそれとも少し違うような気がする。正直で謙虚な人と信頼できる人とは、必ずしもイコールではない。

　信頼を辞書で調べてみたら、実にシンプルに「信じてたよること」（『広辞苑』）とあるだけで他に何の説明もなかった。こうしたものごとの根源をなす言葉は、きっとそれ以上の説明は必要ないと考えたのだろう。あとは使う人の解釈にゆだねたのかもしれない。

　そこで、私流にもう少し想像力を働かせてみれば、人を信頼するという感情は、「腹を割って話してみよう」「任せてみよう」「信じてみよう」「寄り添ってみよう」という気持ちの表れではないかと思われる。そして、そんな気持ちを抱かせるのはどんな人かと考えると、それは「真剣さ」が感じられる人に行き着くのである。言葉を換えれば「ひたむきな人」ということになるだろう。

　真剣でひたむきな人は、間違いなく信頼できるし、信頼しても誤ることはない。信じてみよう、任せてみようという気になる。ひょっとしたらそれは「誠実さ」や「真摯さ」が形を変えたものかもしれないと思うが、いずれにしても真剣な人は周りから必ず信頼される。

　もちろん、いくら真剣に取り組んでも、時にはミスを犯しうまくいかないことがある。真剣と完璧とは違うからである。しかし、そんなミスを犯した時でも、真剣に取り組んでくれた人には怒ったり叱ったりする気にならないものだ。実際私の経験からも、そうした人には怒ることも叱ることも必要としなかった。叱らなくても、その人が自分のミスのことを一番よく知っていて、言わなくても反省をしているからである。

すなわち真剣でひたむきな人には、失敗に対しても許そうとする気持ちが生じる。もう一度チャンスを与え期待してみようという心理が生まれてくる。ものごとに真剣に取り組む人には、周りがそんな寛容の気持ちを持つのである。

なにごとにつけ真剣に取り組んでほしい。ひたむきに頑張ってほしい。そうすれば、誰が何と言おうとも、信頼があなたのもとにやってくる。信頼とは不思議なものである。

心得⑫

何ごとも全力投球であたれ

■実力がない人ほど「ゆとり」と言う。
■一〇〇％出し切ってこそ全力投球である。
■「手抜き」や「小出し」をしてはならない。
■全力投球すれば次のスタートが待ち受けている。

何ごとも全力投球であたる姿勢は、実に清々《すがすが》しい印象を与えるし、何よりもその姿が美しい。仕事はもちろん、趣味を楽しむ時も同じであると思っている。

これと正反対なのは「手抜き」である。つまり労力を惜しんで省くことである。趣味の世界のことならまだしも、仕事となればこれはそう簡単に看過できることではない。持てる力を十分発揮せず、ほどほどに取り組む姿というのは、正直がっかりさせられることが多い。一見余裕のある姿に見えなくもないが、私にはあまりいい印象はない。

何ごとも七〇～八〇％くらいの力でやれば余力が残ってちょうどいい、などという言い方もあるようだが、これは余力の意味をはき違えていると思っている。あるいは大きな誤解がある。余力はゆとりを生むと考えてそう言うのであろうが、社会にはそれをゆとりと見ていい人とそうでない人とがいるのだ。言うまでもなく前者は圧倒的に少ない。確か「一流の人は余裕がある。余裕がなければ一流でない」といったのは作家の立原正秋であったと記憶しているが、あるレベルに達している人にとってのみ余裕となりゆとりとなるのであって、実力がそこまで及んでいない人には、単なる力の出し惜しみとしか見られない。こんなことは当たり前のことと思われるが、世間には勘違いしている人がいて、目いっぱい一〇〇％の力を出してしまえばゆとりがなくなってしまうと信じている人がいるのには困ってしまう。そんな人には、これからさらに努力してレベルを上げるしか方法はないと言うほかない。その時その時の一〇〇％を出し切ることが「全力投球」なのである。

「手抜き」とよく似ているものに、「小出しにする」という行動パターンがある。全部を明らかにせず少しずつ出していくというもので、まことに迂遠《うえん》な方法で、時には姑息《こそく》とも見られがちなやり方である。これも全力投球の精神とは正反対のもので、一般に人にいい印象を与えない。

これは会議で意見を表明する場合などによく目にするのであるが、手持ちの材料を次にとっておこうと小出しに出すようなやり方は、あまり褒《ほ》められたものとは言えない。いま自分が持っている材料はできるだけ明らかにして議論することが本来あるべき姿である。大切な会議でこんなやり方をされたのでは、会議そのものが空疎なものになり、議論する価値が大きく後退してしまう。

もちろん微妙な駆け引きが求められる交渉ごとなどでは、相手の顔色を見ながら条件を小出しにしていくことはままあることではあるが、そんな時でもあまり駆け引きに走って小出しが過ぎれば、いずれ相手からは信用を失い、交渉自体がダメになってしまうこともある。たとえ厳しい交渉ごとの場面であっても、堂々とストレートに手の内を明かした方が、話し合いが上手くいくケースも決して少なくない。全力投球と言うのは、相手にも十分気持ちが伝わるのである。

こうして、いま持っているもののすべてを動員して全力投球することは、また新しくスタートすることにもつながる。譬《たと》えがいいかどうかわからないが、いわばパソコンの初期化のようなもので、パソコン内にインストールされているソフトも保存されているデータも、いったんは自分のストックから消してゼロにする。つまり蓄積したものを全て吐き出してゼロにすれば、あたかも真っ白なキャンバスに向かうようなもので、新しい発想やアイデアが生まれてくるのである。ストックをしながら小出しばかりしていたのでは、こうした新たな発想など出てこないと思う。いつまでたっても旧来のソフトや古いデータを使うのと同じで、早晩陳腐化するか枯渇してしまうのである。

「全力投球」は、次へのスタートにもなる。やはり清々しい生き方である。

心得⑬

情報の感度を高めるのは継続から

- 情報収集は継続して特定の媒体に触れ続けることがポイント。
- 自分がどんな情報を必要とし、
  自分のどの情報を誰が必要としているのかを問い続ける。

情報社会の現代、情報の重要性が飛躍的に高くなっていることは誰もが知っている。どんな情報を持っているかによって、勝敗が決まってしまうことさえある。それゆえ、いかに有用な情報を自分に呼び寄せるかが問われる時代だが、ＩＴ全盛の今、私たちの身の回りには膨大な量の情報が溢れ返っており、その中からどの情報にアプローチし、何を選択すれば良いかを判断することは、そう簡単なことではない。

考えてみれば大変な時代を迎えているわけで、むしろ大量すぎる情報に振り回されることが危惧される。情報過多の時代にあって、本当に必要で良質な情報をいつも追い求めなければならず、仕事の上で情報収集に神経を使わねばならない人には、つい同情したくもなる。

ところで情報を収集するためには、常にアンテナを高くして必要な情報をキャッチするための「感度」を高めておかなければならない。この感度というのはなかなか難しい言葉なのだが、私の経験で言えば、結局のところ継続してある特定の媒体に触れ続けることがその近道であると思っている。媒体には新聞、雑誌、インターネットなどさまざまなものがあるが、要するにそれらの中の特定のものに継続してアクセスすることである。

例えば、これはあくまで私のやり方ということで理解をしていただきたいが、私はすでに二〇年ぐらい毎日何紙かの新聞を読み続けている。ある一紙をじっくり読み、そのほかの紙面はざっと流して、気になった箇所などは比較しながら読み返すといったやり方である。当然同じような記事が載っている各紙なのだが、微妙に見出しも内容も違っているし、それよりも何よりも複数の新聞を見続けていると、自然とその時どきの問題の所在とその大きさ、事の重大性や根の深さなどが直感的にわかってくるものだ。また、個人的に関心を持つ事柄については、一紙だけではどうしても記事に漏れがあって情報をキャッチできないこともある。

しかし、ここで言いたいのは、複数の新聞を読むことではない。一紙であっても複数の新聞であってもそれはいい。要は、ある特定の媒体を継続してリサーチすることである。媒体がくるくる変わると、その特徴や傾向をつかみ損ねることがままあって、情報の価値を見誤る可能性が出てくるものだ。

もちろん私は、新聞から得た情報をきっかけに、さらにネットを検索したり専門書にあたってみたりと、必要に応じて追跡することもあるが、きっかけは新聞であることが多い。いまではネットからという人の方が圧倒的に多いと思われるが、それはどちらでもいいことで、要するに継続して特定の情報媒体に触れ続けることで、情報キャッチ能力を高めていくほかないと考えている。

なお、私が新聞情報にこだわっているのは、長い間の習性ということもあるが、インターネットはどうしてもピンポイントで情報に触れるので、ネットにない情報は知らないまま過ぎて行ってしまうことを恐れるからである。もちろん最近の若い人は、私などと違ってもっとネットをうまく使いこなしているに違いないと思うが、そこまでいかない私は相も変わらず新聞に固執しているというわけである。

そうは言っても、何紙かの新聞を毎日読み続けることは、結構骨の折れる仕事である。特に出張などである期間地元を留守にした時などは、大量にたまった新聞を眺めてため息が出ることもある。しかし、自分に課したことなのでと言い聞かせながら、黙々と大量の新聞を読み通すことになる。まあ、一種の修行のようなものかもしれないと、今も飽きることなく続けている。

ちなみに私は、そのようにして新聞から拾った情報を切り取り、長い間スクラップして保存している。それは積もり積もって膨大な量になり、引っ越しなどの機会にかなりの部分を廃棄したが、今もなおスクラップ自体は続けている。ざっと数年分は常時手元にあり、必要に応じて検索しながら眺めている。

こうしたスクラップのたぐいは人任せにできない。なぜかと言えば、私の関心がどこにあるかは自分以外の誰も全てを把握することはできないからである。情報というのはつまるところ、興味がないものがアンテナに引っかかることはないのであって、情報収集はどこまでも個人的な作業と言わざるを得ない。かくして今も、せっせとハサミを持って新聞と格闘する日々が続いている。

最後に、情報収集とは、自分はどんな情報を必要としているのか、また自分のどの情報を誰が必要としているのかを常に問うことである。特に、人のためにも集めるという視点を忘れてはならない。情報は結局のところ、自分だけに役立つものなど大した価値がないことが多いものである。情報を収集することは、あなたのためであると同時に、人のため会社のためでもあるのだ。それだから大切な仕事なのである。

コラム

私のスクラップ術

―自分流のやり方を見つけよう―

私はもう三〇年近くも新聞のスクラップをしている。始めたのは市長に就任してからで、知事時代を経て現在まで、毎日飽きもせず続けている。

もちろん必要があってやっているのだが、毎日何紙かの新聞を読んで気になった記事を切り取っていくのだから、それはそれで結構骨の折れる仕事である。しかし、続けているうちにいつしか私のルーチンワークとなるとともに、自分流のやり方というものが出来上がってきた。何も特別の方法というほどのものではないけれど、ここに記させてもらう。

まず、何紙かの新聞の中で決まった一紙を、毎日ある程度の時間をかけ丁寧に読む。残りの新聞はざっと流し読みである。そして、どの新聞でも気になった記事があれば、直ちにその場で切り取る。この時、きちんと丁寧に切るようなことはしない。この切り取りには、刃先が二五センチくらいもある長尺のハサミを使い（写真①）、これでバッサリ、バッサリと大雑把に切り取る。時にはハサミを使わず手でビリビリと破くこともある。そうして切り取った記事は、分類分けなどはせずとりあえず机の引き出しにドンドン入れて保存する。この段階では、読むことに集中して、切り取りに時間をかけることはしない。

二、三週間から一カ月もすると、引き出しの中のストックがかなりたまってくる（写真②）。時間が空いた時などを見計らって引出しからそれらを取り出し、見出しを中心に一枚ずつ見ていく。内容は詳しく見なくとも大体わかっているので、この時、時間をかけて読むようなことはしない。ざっと見ていく中で、残しておきたいものとそうでないものが自然に仕分けできる。この仕分けで、おおよそ三割程度を廃棄することになる。一カ月近く引出しに寝かしておけば、この間に報道の進展もあるし社会の受け止め方も変化してくる。また私が最初に受けとった印象も多少変わってくる。切り抜いた時点よりも少しは客観的にものごとを眺められるようにもなってくる。この期間を私は「寝かせておく」と言っているが、まあ気取っていえば「熟成期間」ということになる。

　そのようにして残ったものを、今度は少しきちんと記事の大きさ・形状に合わせてハサミで切って整理する。しかし時間をかけたくないので、相変わらず先の長尺ハサミでバサバサである。また整理といっても、しっかりしたスクラップ帳に貼るわけではない。私の場合、使用済みの不要になったコピー用紙（A4）の裏面を利用して、一記事につき一枚の用紙にスティックのりでドンドン貼っていく。普段から使用済みの用紙を手元にためているので、これを再利用している。記事を貼った用紙は編綴《へんてつ》などせず、そのまま書類棚に時系列順に積み上げて保存する（写真③）。ただそれだけ

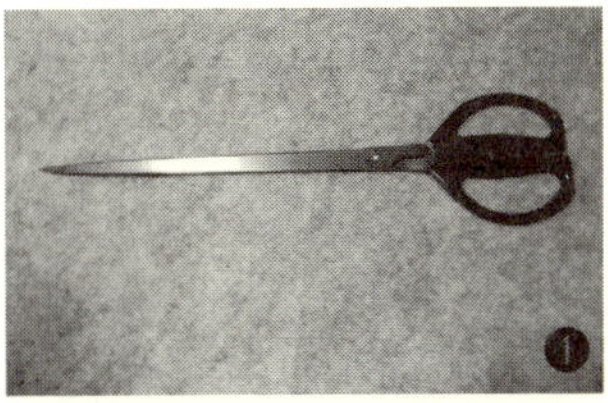
①

②

③

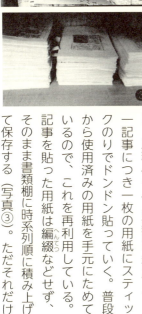

である。

そうしたストックを、必要に応じて棚から取り出し、該当の記事を探したりするのであるが、その時にもまた保存しておく必要のないと思われるものが出てくる。不用なものは適宜廃棄する。廃棄しなければどんどんたまって、たまり過ぎれば利用価値が落ちてしまう。そんなふうにして残ったものを、引き続き積んで保存しておくことになる。

少し変わっているのは、毎日読む数紙の新聞は読み終わり切り抜いた後も、およそ一カ月から二カ月間は捨てずに部屋の片隅にとっておく（写真④）。新聞自体を保存しておくのは、読み漏らしがあったりスクラップ漏れがあった時のためで、実際に時々そんな記事を探すのに役立っている。それ以上古い情報は、ネットを活用したり、どうしても現物を確認したい時には図書館を頼りにしている。

以上が私のスクラップのやり方である。人それぞれの方法があると思うが、要は自分に合ったやり方を見つけ、それを習慣にすることである。

なお、私は大学などでこの話をする時には、必ず次のことを付け加えるようにしている。

「社会で働くようになって最初に給料をもらったら、その記念として自分のために何かを買うことは思い出になっていい。もしスクラップに関心があってやってみようと思っているならば、長尺のハサミを買うことをお勧めする」と。

道具は何年でも使えて安い買い物である。私はすでに十年近く使っているが、これほど重宝するものはない。確か三千円ほどだったと記憶しているが、投資した額はとっくに回収していると思っている。

心得⑭

物《もの》怖《お》じせずに発言する

- 真剣な気持ちがなければ発言しようなどとは思わない。
- 勇気を持てないでいるのは他の人も同じ。
- 発言しようか迷った時は、発言する方を選んでみよう。

大勢の中で発言して自分の意見を述べることは、いささか緊張を強いられ勇気を必要とすることである。発言を求められても、手を挙げるべきかどうか迷っているうちに、結局手を上げそびれてしまうこともある。大学の講義でよく見る風景であるが、社会に出てからの会議やセミナーなどでも同じである。きっと誰もが経験してきたことだろう。

発言するのを躊躇するのには、まずあなたの心の中に、つまらないことや間違ったことを言って、周りの人たちに失笑を買ったりバカにされることにならないかと心配する気持ちがある。また、大勢の中で自分だけが突出すると、「目立ちたがり屋」とか「気取ったやつ」などと揶揄され、白い目で見られるのではないかと不安を持つからである。

もしそのような理由で発言するのを逡巡しているのであれば、まったく見当外れと言わなければならない。誰もそんなふうに考える人はいないと思う。そのような不安や心配を抱くのは、ほとんどの場合、取り越し苦労と言ってもいい。

私の考えは次のようなものである。

まず何よりも、会議などであなたが自分の意見を述べてみようと考えたとしたら、たとえ心の中のことであっても、そのこと自体が無条件で素晴らしいことと私は思っている。義務にかられ漫然と参加している人には、初めから発言しようとする意志など見られない。そもそも真剣な気持ちで参加していなければ、何かを発言しようという気など起きないものである。発言しようという気持ちが起きるということは、前向きかつ真摯な態度でその場に臨んでいることの証左である。

次に、あなたはそこでどんな内容を述べたいと思っているかである。しかし、それがどんなものであれ、多くの人は「大した内容ではない、間違っているかもしれない」と、ことさら恥をかくことを恐れて発言を躊躇する。けれども、周りの人が発言できずにいるのは、みんな同じことを恐れて勇気が持てずにいるのだ。もし仮に、あなたの発言が凡庸なものであったり、少しばかり間違いがあったとしても、発言する勇気を持てなかった人たちがあなたを嘲笑することなどできるだろうか。いや、そんなことはできるはずがないと私は考えている。むしろあなたの勇気を内心うらやましく思うだけである。つまり、恥をかくのではないかと心配するのは、あまりに周りの視線を気にしすぎて、それに幻惑されているだけである。だから、もしあなたに意見があれば、少しばかり勇気を奮ってそれを述べればいいと考えている。

まさかそんなことはないと思うが、仮にもし失笑を買ったとした場合でも、それはほんの短時間で人の記憶から消えてしまうような小さなエピソードでしかなく、それ以上のものでは決してない。ちょっと頭をかきながら苦笑いをする、ほんの一瞬で終わってしまうようなささいなことであって、過剰に考えて心配することの方がばからしいことである。

もちろん、発言するあなたの気持ちの中に、目立ってやろうとかカッコいいところを見せてやろうという野心があり、ことさらパフォーマンスすることに気持ちが向いている場合には、周りから冷たい視線を浴びることがあるかもしれない。しかしそれは動機が問題なのであって、真剣な発言をした場合にはおよそありえないことである。発言する様子を見ていれば、そんなことはすぐにわかるものだ。

また、意見を求める人の立場から言えば、通常その場で質問を投げかけるのは、議論を進展させるためのきっかけとなることを求めていることが多く、実は意見の内容そのものではない場合がある。実際一人の発言が呼び水となって次々と意見が出て、そのセミナーや会議の雰囲気が一気に活気を帯びてくることがよくある。そうなることを期待しているのであって、何も人が羨むような立派な意見が開陳されることを求めているのではない。よほど的外れの意見や顰蹙《ひんしゅく》を買うような発言でない限り、質問者もまたそれを聞く人たちも、誰かが発言してくれたことに安堵し感謝するのである。

とはいえ、大勢の前で発言することは確かに緊張する。しかし、これとて訓練次第でどうにでも変わる。慣れてくればそれなりにできるようになるものである。私自身がそうであったので確信を持って断言できる。

かくしていま私は、発言しようかどうか迷ったような時は、発言することを選択するようにしている。その方が後で後悔することがないし、気持ちよく会議を終えることができるからである。

心得⑮

あがらず堂々と話すために

- 周到な準備を怠らないこと。
- 百点満点は狙わない。
- 緊張していても自分が思うほどには悪くない。
- ゆっくり話すこと。
- 最も重要なことは堂々としたふるまいである。

堂々と話ができる人は、とても気持ちのいい印象を与える。話す内容が心に沁みるように伝わってきて説得力を感じさせる。時には人に感動さえ与える。堂々とした話しぶりは、人から高く評価されることは言うまでもない。

そこで、私たちがよく経験する会議やプレゼンの場にフォーカスし、どうしたら堂々と話ができるかについて考えてみたい。

会議で発言したりプレゼンで発表したりと大勢の前で話す場合には、ついあがり症が出てしまって冷静さを欠き、満足に言いたいことを伝えられないことがしばしばある。上司や先輩から「堂々として」とか「もっと自信をもって」などと叱咤激励される光景を目にするのもそんな時である。誰もが多かれ少なかれ経験していることであろう。

しかし、この「堂々」というのがなかなか難しい芸当で、いざ本番という時に緊張して思い通りのことは言えず、あらかじめ意図したことの半分も話せないことがある。そんな時は、恥ずかしさと口惜しさとで本当に惨めな気持ちにさせられる。とても堂々どころの話ではない。

私も何度も経験しているのでその気持ちがわかる。

そうならないためには、結局は多くの修羅場を経験してコツをつかむしかないのだが、自信をもって「堂々」と話せるようになるいい方法はないだろうかと、誰もがそう考えたくもなる。その助けになるかどうかわからないが、少しばかりヒントになりそうなことを記してみたいと思う。ただし、即効性のある特効薬にはならないので、この点はあらかじめお断りをしておく。

①周到な準備を怠らない

当たり前のことであるが、準備不足では落ち着いて立派な発言ができるはずがない。どんな人でも事前の準備なしで、相手を感動させたり説得することはできない。いかにもその場の即興で巧みに話しているように見える人でも、実は事前にしっかり準備をしているものである。その準備をせずに発言や発表をしても、とてもゆとりある態度を維持することはできないし、途中で少しでもつまずきかけようものなら、一挙に心の中に隠れていたあがり症という悪魔があなたを襲ってくる。

これとは反対に、しっかり練られた事前の用意があれば、それが安定剤となって緊張度はかなり下がってくる。落ち着いて本番に臨むことができるのである。こんなことは言わずもがなのことであって、やはり何事も準備が大切なのである。

十分な準備をする。堂々とした発言のためにはこれに勝るものはない。

②百点満点は狙わない

だいたい実社会において百点満点の結果を手にすることなど考えにくい。なぜなら、学生時代の試験と違って、社会に出れば正解がない問題ばかりが待っているからである。つまり、これが唯一という正しい答えは存在しないのだ。従って、せいぜいよりベターな結果をもって良しとしなければならないことが多い。

よりよい結果を求めて最善を尽くすことは当然としても、評価はあくまで相対的なものでもあるので、そんな中で百点満点の結果を求めてもあまり意味がない。つまり、会議の発言に百点はないし、プレゼンの発表にも満点はないのである。そこのところを勘違いしていると、いつしか完璧（百点満点）を求めて余計な緊張感ばかり高めてしまうことになりかねない。

いま自分に何が求められており、それに対して必要とされることを自分が充足できているのかということを、しっかり念頭に置いて準備し発言すれば、それで十分である。

③緊張して話しても、自分が思うほどには悪くない

これはなかなか本人にはわからないことであるが、すっかり緊張してうまくいかなかったと思っても、本人が思うほどには周りはそんなふうに思っていないことが多い。この勘違いが実は非常に多い。

私自身の経験になるが、今日の挨拶（演説）はだめだったなと思った時でも、あとから耳に入ってくる評判が案外よかったことも何度もあったし、その逆のこともあった。また少しぐらい緊張していた方が、話しぶりにもいい緊張感を生み、だらけたりせずに好結果をもたらすこともよくあることである。そう考えを変えれば、発言する時の気持もだいぶ楽になってくる。

④ゆっくり話す

これは少し実践的なことになるが、とかく緊張すると話すスピードが速くなるものである。このスピードが曲者で、早くなればなるほど心のゆとりが失われる。ゆっくりしたスピードを気を付けながら話せば、それだけでペースを保ち、落ち着いた話ができるものである。早口はどうしても緊張を高めることに繋がっていく。気を付けたいことだ。

ゆっくりとしたペースで行うことができれば、まずは成功へと大きく近づくことができる。以上のことは、どこまで効果があるかわからないが、一度自分を振り返ってみるきっかけにはなるものと思う。

しかし、人前で話すことよりももっと大切なことは、真の意味での「堂々とした態度」である。これは、私たちの社会活動や生活のすべてに関わっている。

例えば、何かに失敗して謝らなければならない時なども、堂々と反省の言葉を口にすべきである。変に隠しだてしたり弁解ばかりに終始することなく、しっかり反省の言葉を述べるべきで、何ごとも率直に真摯に行動すれば、また卑屈にならず公明正大に対応すれば、相手の受け止め方は間違いなく違ってくる。そう、「堂々」という言葉には、国語辞典などで説明されている意味よりはるかに深い内容が含まれており、人として最高のふるまいの一つと言うことができるのである。

かつて作家の雨宮処凜《かりん》氏が毎日新聞紙上（平成二四年四月一日付）で、若い人に対して「堂々と間違える勇気を」と書いていたことを思い出す。「あまりにも堂々と間違えると、それは時にそれなりの成功以上の結果を生みだす」とあったが、なるほど堂々とした態度にはそんな効果もあるのかと、大いに感心した。

堂々とした態度は、恐るべき力を持っている。

心得⑯

メモが上手くなれば一人前の証《あかし》

■もの忘れは命取りになることがある。
■ふと浮かぶアイデアは消え去るのもまた早い。
■しっかりメモを取る姿勢は相手に真剣さが伝わる。

仕事するうえで「メモ」は欠かせない。

メモはもの忘れしないために書き留めておくものであるが、どこそこへ電話をするとか、いつどこで会合があるとか、明日がレポートの提出期限とかといった、日常忘れてならない事柄は無数にある。そんな日々の雑多なことどもを、つい忙しさに取り紛れて失念することは誰もが経験することである。記憶ほどあてにならないものはない。私も何度も痛い目にあってきた。

ビジネスをはじめ社会生活では、そのうっかりミスが命取りにつながることもあるわけで、どれだけ注意を払っても払いすぎることはない。

また、こうしたスケジュールのたぐいとは別に、ふと思い浮かぶアイデアを記憶に残しておくこともとても重要なことである。人はいつ、どんなところでアイデアが頭に浮かんでくるかわからない。中国の欧陽修という人は、優れた考えがよく浮かぶ場所として「三上」、すなわち馬上、枕上《ちんじょう》、厠上《しじょう》を挙げているらしいが（外山滋比古『思考の生理学』）、私などによくあてはまる場所はこの中の枕上で、夜布団に入ってからの時間に思い浮かぶことが意外に大事なことである場合が多い。しかし翌朝には思い出そうにもすっかり頭から消え去っていて、悔しい思いをしたことが何度もある。ふと浮かぶアイデアというのは、頭から消えてなくなるのがあっという間であることがすこぶる多い。これも防がなくてはならない。

そのために私はメモを欠かさない。忘れっぽい私には、メモを取ることは命綱のようなものである。特に六〇歳を超えてからは物忘れが一気に加速し、四六時中メモを取り続けている。小さな紙切れや付箋をいつもポケットにしのばせたり、枕元に置くなどして、何事につけペンを走らせる。出先などでメモ用紙を切らしている時は、レストランの紙ナプキンや箸袋などなんでも使う。要は何かにメモ書きすることが重要である。もちろん専用のメモ帳や本格的なノートでもいいが、いつも持ち歩くには不便で、私はもっぱら小さな紙切れを愛用している。

最近では、紙を使わずに携帯電話やスマートフォンなどを使ったメモも普通になっているし、音声録音でメモする人の姿も見かけるようになった。要は自分が使いやすいものを見つけることであろう。メモすることが習慣になるよう活用することが一番である。

このほかに、人に会いそこで話した内容を記録するためのメモもある。そんな場合、相手と話をしながらメモを取ることが失礼にならないかと迷うこともあるが、私の経験ではほとんどの場合失礼にはならないと思っている。むしろしっかりメモを取る姿からは、聞き手の真剣さが伝わり、好感さえ与える。もしも相手の面前でメモが取れない時には、別れてからすぐ印象が新鮮なうちにすべきで、少し時間が経てば記憶はかなりあいまいになると心すべきである。

難しいのは、講演などを聴く時のメモである。時間が長いことが多いだけに大変である。書くことに集中すれば聴くことがおろそかになるし、逆に聴くことに集中すればメモを取るのが難しくなる。また細かくメモをしたとしても、記録したという安心感のためか、普段なら忘れないことまできれいに忘れてしまうことがある。録音が許されていればそれを使うことになるが、講演会などでは一般に録音が認められていないことの方が多い。こうしたケースのメモは場数をあたって訓練するしかないが、この場合のポイントは、あまり細かいことにこだわらないことだと思う。

ちょっとしたもの忘れは誰にでもある。頭をかいてすむようなもの忘れならいいのだが、取り返しのつかない失敗につながることもないとは言えない。小さな油断が重大なミスを招くとすれば、ポケットに入れた小さなメモでそれをしっかり防いでいこう。

メモを取ることは、社会人としてもとても大切なことである。それが上手くできるようになれば一人前と言えるのではあるまいか。

心得⑰ 報・連・相を欠かしてはならない

■「君に任せた」と言われていても報・連・相を怠ってはならない。
■報・連・相は早ければ早いほどいい。
■情報は私見を交えず出所を明らかにして。

社会人になってまず教え込まれるビジネスマナーの一つに、「報・連・相」(ほうれんそう)というものがある。私などは、マナーというよりもビジネスのルールそのものと思っている。説明するまでもないが、「報告」は、仕事の進捗度や現状を知らせることであり、また「連絡」は、仕事を遂行する上で必要な事項を連絡することである。そして「相談」は、問題や課題などが発生した時に上司や同僚に相談することであって、いずれも当たり前のことと言えば当たり前のことばかりである。

報・連・相が不足すると、業務の遂行上さまざまなリスクが高まって思わぬ事態に逢着することがある。私もこれまで、何回も痛い目にあってきた。そのリスクを回避するためには、報・連・相の三つを徹底し、日々の仕事の中でそれを当たり前のこととして習慣にしていくほかない。口頭、電話、メール、報告書、会議など、その手段はいくらでもあるので、とにかく確実に実行を心がけることである。

ところで、これはよくあるケースと思われるが、「この件は君に任せたから、後はしっかりやってくれ」と言われたような場合には、報・連・相をどう考えたらいいのだろうか。自分に任された以上、それ以降の仕事は自らの判断で進めていけばよく、想定外の事態や大きな問題でも発生しない限り、いちいち報告や相談をしなくてもいいのだろうか、という疑問である。

しかし、この場合であっても、折に触れ、きちんと報告や連絡をすることが原則であると私は考えている。もちろん仕事を任せるということは、仕事ぶりに信頼を置き、判断力や行動力を評価しているからに他ならないが、それはしかし、その仕事の担当者または責任者として遇してもらったということを意味するのであって、報告や連絡をしなくていいというのとは全く別の次元の話である。

そもそも仕事の成否を含め、結果についてより大きな責任を負うのは、上司でありチームであり、最後は組織そのものである。従って、上司やスタッフは、誰かに任せた仕事であっても進捗状況などにはいつも強い関心を寄せているものである。その関心に応えることを忘れてはならない。

さらに言えば、任せたと言った以上は、上司の方からいちいち聞くのもはばかられる心情も加わってくる。それゆえ、気になっているのに報告や連絡がないと不安を呼び、その不安が募ると、いつしか信頼して任せた人に対しても不信感を抱くようになっていくことさえある。その仕事が上手くいった場合はまだいい。そうでない場合には、任せた方はその任せたことを悔やむことになるし、また任された方としても、うまくいかなかった原因を一手に背負いこむことになりかねない。きちんと報・連・相さえしていれば、それが避けられるのである。

また、任された人は、それを自分一人でやるものだと勘違いをしてはならない。確かに任されたことには違いないだろうが、全てを一人の判断で成し遂げるようにとの趣旨では決してない。あくまでも仕事はチームの仕事であって、想定外の事態や問題の発生があれば当然のこと、仮にそれがなくても、報告や連絡そして相談は、やはり必須なものなのである。どの程度それをするかは、もちろん程度問題ではあるが……。

そして重要なのは、報告や連絡や相談は早ければ早いほどいいということである。できるだけ速やかにすべきである。時機を逸して遅くなれば、報告等の価値は落ちて、他方リスクは増えていく。スピーディーに行うことで、直面することになるであろうミスから避けられるのである。

なお、伝えるべき情報は客観的事実によるべきで、私見とはきちんと峻別すべきである。意見と事実を混同することは判断ミスにつながりやすい。また、その情報は、その出所を明らかにして行うべきである。情報で何よりも大切なことは、どこから出た情報かという点にある。ソースによって情報の価値は全く違ってくるのだ。

いずれにしても、「ほうれんそう」は、組織人として遵守すべき最低限のルールである。

心得⑱

怒りを爆発させてはならない

■怒る正当な理由があっても、それを爆発させてはならない。
■感情の爆発は、たいていの場合つまらないプライドからきている。

私たちの日常生活は何がしら喜怒哀楽の感情と隣り合わせにあり、多かれ少なかれそれらの感情をコントロールしながら平穏無事を保っていると言って過言でない。喜びや楽しいことは多いに越したことはないし、怒りや哀しみは少ない方がいいに決まっている。誰もが願うのは、喜びや楽しさであって怒りや哀しみではない。

重要なのは、この喜怒哀楽の感情のうち、怒りだけは、決して爆発させてはならないことである。喜哀楽については、それがどんなに激しい形で表出されようとも許される性格のものであるが、怒りだけはひとたび爆発させると取り返しがつかないことになる場合がある。怒りはできるだけ抑えて、ぐっと堪《こら》えなければならない。憤怒の感情は、全力を挙げて自制することが何よりも肝要である。

かく言う私は、恥ずかしながらこれまで幾度も怒りを爆発させてしまったことがある。その度にたくさんの失敗を繰り返し、ひどく後悔してきた。怒りを爆発させることによって、大切な仕事がうまく進まなかったことも多いが、自己嫌悪にさいなまれ、立ち直るのにどれだけの時間を費やし、しなくてもいい苦労を重ねてきたことか。眠れない日もたくさんあった。思い出すだけで冷汗が流れる本当に辛い経験をした。

怒りは、たとえ怒るだけの正当な理由があっても、それを爆発させてしまっては何の意味もなくなることを、しっかり自覚しておくことが大切だ。

かつて小泉純一郎元総理が、「辞める時になって、怒りは敵とわかった」と語ったことがあった。総理の心の中のことまではよくわからないが、私も全く同感である。だが私は、怒りが敵というよりも「怒りを爆発させることは敵である」と声を大にして言いたい。

その立場やその境遇によって怒るべき相手がある時には、感情を高ぶらせて怒ることも必要なことがあり、それができずにかえって見くびられ失望を買う場合もある。怒るだけならまだいい。しかし、どんな時にもそれを爆発させて自分を見失うことがあってはならない。それをしたらおしまいである。これは犯してはならない絶対の規律である。

感情をコントロールするというのは想像以上に難しいことであるが、これも日々の訓練次第である。やってみればある程度はできるようになるものだ。誰しも生涯を通じて、そんな努力を少しずつ繰り返している。

怒りを爆発させる原因は、たいていの場合つまらないことから始まっていることが多く、それはつまらないプライドにこだわったことによる場合が多い。よくよく自制すべきである。

コラム

紳士の条件 ―ある財界人の話―

ずっと以前のことだが、地元のある財界トップから面白い話を聞いたことがある。紳士の三条件というもので、

①人前で上着を脱がない
②テーブルクロスのある店で食事をする
③人のいるところでは走らない

というのである。くだんのトップは、若い時にニューヨークに勤務したことがあり、どうやらその時これを学んだらしい。とても興味をそそられる話であり、以来私はこの話を講演や大学の講義などいろんな機会に使わせてもらっている。

ちなみに、私はこの三条件のどれにも見事に反しており、紳士としては完璧に失格者であることを、はじめにお断りしておく。

さて、そのくだんのトップがニューヨークに勤務したのは一九六〇年代の半ばで、日本では最初の東京オリンピックが開催された時代であった。その頃のアメリカは資本主義の成熟期にあり、すでに当時のニューヨークは世界経済の中心都市であった。ひたすらキャッチアップに邁進していたわが国

の若きエリートは、ビジネスマンや社交界の人々から多くのことを学び取ったに違いなく、その時の体験が紳士の条件という挿話になったものと想像している。

そのトップは私に、この三条件について何も説明らしいことは話されなかったので、その意味するところは想像するほかない。

そこで、私なりに考えてみたいと思う。
①の人前で上着を脱がないことについては、スーツをきちんと着て身だしなみを決める当時のアメリカのビジネス社会では当たり前のことだったのかもしれないが、わが国ではカミシモを脱いでうちとける良き（?）風習があり、窮屈な上着を着たまま長時間相手と対峙することはまだまだ苦手だったのであろうか。
私などは、会合などではすぐ上着を脱いでしまう方で、とても紳士然と振る舞うことができないでいる。もちろん時と場所にもよることだが、気軽な服装で仕事する方が能率も上がるような気がしてならない。その意味で、このところアメリカのビジネス界でも実にラフな服装で仕事するのが当たり前になっているのを見ると、なんとなくホットするのである。

いずれにしても、今は亡きそのトップはいつも端正に背広を着こなしていて、上着を脱いだ姿を見たことがなかったなあと思い出している。

また②のレストランだが、当時のアメリカでもテーブルクロスを用いるのはそれなりの格式を備えた店であっただろうと想像されるが、きっとそうしたレストランで人と食事を共にして人脈を広げ情報交換などすべきで、一人ファーストフードの食事で済まさないということだろうか。これまた駅の立食いそばが好きな私には遠く及ばない境地である。

言い訳するのではないが、私はB級グルメの大ファンで、その種の店ではおよそテーブルクロスなど存在しない。そんなわけで、これまた紳士の条件に背くことになるが致し方ないと思っている。

ところで、この三つの条件で私が特に刮目しているのは、③の「人のいるところでは走らない」というもので、これにはずぼらな私でも素直に合点がいく。

思うにこれは、間違っても人前では慌てるようなことはすべきでないという、時間には常に余裕を持つべしとの教えだろうと思う。なるほど人前で慌てふためいて走らなければならない姿など、どう考えても見てくれのいいものではなく、とても紳士のふるまいとは言えない。このことを知って以来、人前では走らないことは私の金言となっているが、しかしそれを実行するのはそう容易なことでなく、汗をかきかき走らなければならない情けない姿を今でも人前でさらしている。

いずれにしても、ニューヨークに渡った若きエリートが身をもって学んだ中に、こうしたジェントルマンとしての素養やふるまいがあったことは、とても感慨深いことである。その人は先年亡くなられたが、生前はいつも紳士然とふるまわれていたなあと、あらためて懐かしく思い出すのである。

ところで私が最近気になっているのは、携帯電話の使用についてのマナーで、電車の中であれ大学の授業であれ、レストランの食事の時であれ、のべつまくなしにいつもスマホ片手にメールをしたりゲームをしたりするあの姿である。どう見ても紳士のふるまいではなく、どうにかならないものかと思っている。

もちろん情報手段としてこれほどスマホが普及した現在、必要があってこれを有効に使うことを否定するものではないが、それにしても場所をわきまえるとか周りを気遣うとかの配慮があってもいいと思う。暇を持てあまして公衆の面前でゲームをするのは、とてもカッコいい姿とは思えない。

もし現代版の紳士の条件を選ぶとしたら、ぜひその中の一カ条に「暇つぶしに携帯を使わない」を入れてみたいと思うがいかがだろうか。

心得⑲ 自分の価値観を押し付けない

- 価値観を押し付けられても人は動かない。
- 人には説得されることを望まない領域がある。
- 必要ならばその人のペースに合わせるしかない。

社会に出てからの仕事はチームで行うことが多く団体戦になるので、一緒にチームを組む仲間が互いにうまくいくよう努めることは当然である。

そのために気を付けなければならないことはいくつもあるだろうが、絶対的に守らなければならないルールというものがある。

それは、自分の価値観を人に押し付けないことである。チームメイトと意見が食い違うことはよくあることで、そのために侃々諤々《かんかんがくがく》激しく議論することは結構だが、しかし互いの価値観に関わることには絶対に手を突っ込むべきではない。

ここで言う価値観とは、端的に言えば「楽しさ」「幸福感」「怒り」「嫌悪感」「恥ずかしさ」「屈辱感」といった、誰の心の中にも深く根を張っている感情のことだが、これらの感情は理屈とはまた別のものであり、人から押し付けられてそう簡単に変わるようなものではない。

たとえば、平穏無事な日々を送ることに幸福感を感じる人がいる反面、より大胆にチャレンジすることこそ生きがいとしている人もいる。小さなことにこだわりを持つことを性分とする人がいる一方、そうしたことには頓着せず、いつも大きな夢や理想を追い求めるタイプもある。恥ずかしいと感じる事柄も人によってさまざまであって、人は各自それぞれ異なる価値観を持っているから、そのあたりのことをいくら押し付けてみても決して相手を動かすことにはならない。強引に押し付けようとすれば、トラブルになるのが落ちである。こうした場合には、説得するより目をつぶって大人の対応をするほかない。人には、説得されることを望んでいない世界があるものである。

このことは仕事上のことだけではなく、かつてこんな例もあった。おしゃれに気を使い服装をはじめ身につけるものにとてもこだわる人がいて、おしゃれには全く無頓着な人が「そんなことに気を使わず、もっと仕事に神経を集中するように」と言ったのだが、これによって二人の関係は一時期相当深刻なものとなった。おしゃれ一つとっても、その人の幸福感や恥ずかしさの感情などがはっきりと現れてくるのである。

価値観の押しつけで人の心までかき乱すことは避けよう。逆に人は引いてしまう。これは知っておくべきことである。

しかし、そんな価値観が違う相手であっても、チームにどうしても必要で一緒に仕事をしなければならない場合には、その人のペースに合わせるしかない。価値観が違えば、仕事の進め方も運び方も当然違ってくる。つまり仕事のペースが変わってくるのだが、そんな場合にはその人のペースに合わせることになっても仕方がない。これは妥協でもなんでもなく、社会で必要とされるルールなのである。価値観が違うと言って自分の流儀を押し付けていては、何事もうまくいくはずがない。

複数の人間が集まり一緒になって行う仕事は、こんなことがつきものである。これは意に反して妥協するというより、チームというものはもともとそうしたものと考えるべきである。仕事はうまくいけば妥協した記憶など吹っ飛んでしまうし、自分とは違うその人の価値観を見直すきっかけにもなるのである。

心得⑳

母校や会社・職場をけなさない

- 学歴になどに関係なく、実力と実績で堂々と活躍している人がいる。
- 母校や職場をけなす人には失望させられる。
- 母校や会社の評価が上がっていくのは、誇れる人がいることによる。

どこの会社に勤めどんな仕事をしているのか。また、どこの大学あるいは高校を卒業したのか。こうした経歴や学歴のたぐいは、人から質問される機会も少なくないが、その質問に答える時の態度は人によって大きく二つ、正反対に分かれる。堂々と自信をもって自分の勤務先や出身校を名乗る人と、いかにも自信なさそうに小さな声で会社名や学校名を答える人である。

勤務先が名の知れた大企業であったり出身校が有名校であったりする場合、一般に人は胸を張って答えるであろうが、そうでない場合には、どうしても声が小さくなっていかにも自信なさげな様子となる。

世の中は学歴だけではないといくら声高に言っても、また大企業で働くことだけが幸せとは限らないとどう言い募っても、現に学歴がまだまだものを言い、そして大企業の方が様々な面で恵まれているとするならば、有名校とよばれる学校を卒業し有名企業に勤めることは、依然としてステータスであり続け、いきおい経歴を言う場合の心の持ちように影響してくるのも事実である。誰でもいい大学を出ていい会社に入っていればと考えるのは、極めて自然なことだからである。

けれども、どんな分野でも言えることだが、社会の中にはそんな経歴とは別のところで、自分の実力と実績で実に堂々と活躍している人がいるものだ。そしてそんな人には、学歴や会社のことなどを口にすること自体がはばかられ、仕事ぶりや実績を前にして一種の凄みすら感じさせられる。世の中には経歴自体が何の意味を持たない人が厳然として存在しているのであって、ある程度社会経験を積んでくると、そのような人々が意外と多いことに気づいてくる。若い人にはぜひ、今からでもそのことを頭の片隅に入れておいてもらいたいと思っている。

実のところ、むしろ私が気になって仕方がないのは、自分の出身校や勤務先の会社のことをけなしたり悪く言ったりする人がいることである。そんな話を聞くと本当に失望する。そのような人に対しては信頼する気が完全に失せてしまう。胸を張って、「私は○○校の卒業生です」「今、○○会社で○○の仕事をしています」と言うことこそ、すがすがしい印象を与えるのに、それを隠そうとするばかりか、母校の悪口を言ったり会社の評判を落とすようなことを平気で言ったりする人に出会うと、本当にがっかりするのである。

例えば大学について言えば、母校の評価が上がっていくのは、卒業生がその大学で学んで本当によかったと誇りを持ち、自信をもってそう言える人が大勢いることが必須の条件であると思う。たとえ大学に立派な教授がいても、またいくら優秀な卒業生を輩出しても、母校を誇りに思う人が多く出てこなければ、真に評価が高まることはないと考えている。確か「ローマ人が愛したから、ローマは偉大になった」という名文句があったと記憶しているが、まさにこれと一緒で、卒業生や社員が愛するからこそ母校や会社は立派になるのではないだろうか。

どこの学校であれ、それはあなたを育て、あなたが青春を過ごした母校であるに違いなく、また勤める会社についても、あなたが日々仕事に精を出しあなたの生活を預けている会社であるならば、それをけなしたりましてや悪口など言うことは、何か大きな罪を犯しているようにさえ思えてならない。若いうちには、なかなか気づかないかもしれないが、母校は実にありがたい存在であるし、まして勤務する会社はあなたにとってかけがえのない存在であるはずである。私は、自然な態度で会社や母校のことを語ることができる人を、心から尊敬している。なぜなら、その人は自分の仕事や生き方に誇りを持っている証拠と考えるからだ。

心得㉑

より大きな自分を想像してみよう

- 困難にぶつかったら「試練」と考えよう。
- 試練を乗り越えた先に待っている成長した自分を想像してみる。
- 神様は乗り越えられない試練は与えない。

いろんな困難に直面したり、あるいは難しい課題に挑戦する時などに、私が常々心の中で唱えるいわば呪文のような言葉がある。それは、いつもルーチンのように繰り返している精神的な儀式と言えるかもしれない。

それはこうである。

何か困難な状況に立ちいたった時には、まず、どこまでも心静かに、

「いま自分は『試練』を与えられ、試されているにちがいない」と自分に言い聞かせる。

そしてさらに次のように思いをめぐらす。

「これからこの試練を乗り越えることができたならば、きっと今の自分とは違った、一回りも二回りも大きな存在に成長しているはずだ」

「これまでの自分とは別の、より高みにいる自分を発見することだろう」と。

足掛け二〇年以上にも及ぶ首長生活を通じて、数知れない難問に直面し、たくさんの難しい局面にも遭遇してきたので、先に記したような呪文を心の中で呟くことは幾度もあった。それによって、時には自らを鼓舞して励ましたり、またそのように考えることによって混乱する頭を少しでも落ち着かせ、精神の安定と一歩を踏み出す勇気や、人に負けない強い心を呼び起こして、誰に知られることもない自分だけのカンフル剤としてきた。これが実に効き目があるから不思議である。そんな単純なやり方に、これまでどれほど助けられてきたことか。これは、私のいわば秘術のようなものである。まあ、そんなにもったいぶって言うほどのものでもないが……。

「困難」を「試練」と考えることによって、つまり「困難」を「試練」と置き換えることによって、よし乗り越えてやろうという気概が充満してくるような気になる。この「試練」という言葉には、ふつふつとエネルギーがわいてくるような特別の響きが内在している気がしてならない。

そしてまた、さまざまな困難を克服し得た時には、本当により大きな自分になったような気がしてくるものである。要は、心の持ち方ひとつなのだろうが、ささやかな呪文を呟き自分に言い聞かせるやり方一つで、どこまでも前向きに、勇気をもって困難に立ち向かっていけるような気持ちにしてくれるのである。

そのうえで、最後に言い聞かせるのは、「神様は、乗り越えられない試練は与えない」という言葉で、これを信じることである。神様まで登場させてくるのだから、もう信じるしかない。これは究極の心の拠りどころである。

人が何かに向かって頑張るということは、意外とこうした心のありようが大きく作用するのではないかと思っている。実は、これが人に求められる「自立」ということなのかもしれないなと、いまあらためて考えている。

心得㉒ 問題解決のための考え方

■問題をシンプルに考え、問題の核心を一つに絞り込む。
■経過や歴史をしっかり調べてみる。

私たちの前には常に多くの難問や課題が待ち受けており、それらをできるだけ思うような方向に導くために、さまざまな知恵を絞り汗を流す。しかし、それでもなお悪戦苦闘を繰り返さなければならない毎日である。そのとめどのない営みこそが働くことの本質であると、私などは考えている。

さて、そうした問題や課題を解決する方法は人によってさまざまであるが、しかし大体は誰でも同じようなことをしている。もちろん私に特別なやり方があるわけではない。ただ、平凡なことではあるが、常に意識的に行っていることがいくつかある。参考になれば幸いである。

第一は、問題をできるだけシンプルに考えることである。

ここに言う「シンプル」とは、できるだけ問題の核心を一つに絞り込むことである。一つに絞ると言っても難しい問題をそう簡単に一つに単純化することなどできないと考えるかもしれないが、大体どんな問題でも核心となるものは一つのことが多い。何が問題の核心なのか。もしそれをなかなか見つけ出せないでいるとすれば、本質でないものに心が奪われ、それに目を奪われていることが多い。だから、目をカッと開き、知恵を集中させて、まずその中から一つを見つけ出すことである。「本質は何か」「核心部分は何か」と呪文のように唱えながら考えるほかない。

もちろん、なかには難しいプロジェクトなどでさまざまな課題が複雑に絡み合っている問題に直面することもあるであろう。例えば、私の経験では愛知万博がそうであった。こうした手に負えないほどのたくさんの課題が存在する問題に遭遇した時には、それを一度に解決しようとせず、なるべく課題ごと別々に細分化して、その一つ一つを解決するよう努めることが近道である。その場合も、よりシンプルに本質的なものを見つけることから始めることに何ら変わりない。

小難しい理屈を言っているように聞こえるかもしれないが、実際それを意識してやってみると無理なくものごとが処理されていくものである。何ごともシンプルに考えるのが一番である。

「省事」という言葉がある。すでに故人となったある政治家が生前大切にしていた言葉と聞いているが、この言葉は、本質でない小さなことに目を奪われると大切なものを見逃してしまうことを表しているとのことである。ここに言う問題の核心をできるだけ一つに絞り込むことに通じる至言と言えよう。

第二は、経過や歴史をよく調べてみることである。

これはどういうことかと言えば、私たちが直面する問題はどれでも、必ずそこに至るまでの経過やいきさつ、時には長い歴史などが存在する。実はこれがとても大切で、これを知らずにいると、とんでもない過ちを犯すことになる。

ものごとには、私たちの目に映っているものとは別に、その背後に見えざる意味や価値が隠されていることが多い。経過やいきさつ、あるいは歴史といったものを調べていくと、思いがけない事実に遭遇したり、ブラックボックスになっていた真相や、より本質的なものに近づくヒントが目に入ってくることがある。従って、それらのことをしっかり調べて確認し、その上に立って問題を分析・検討していけば、不思議なくらいに問題の核心に近づくことができ、かつ解決策も自ずと見えてくることがある。

これまで私は、そんなやり方でどれほど助けられてきたかしれない。ぜひ一度経過をたどってみよう。そして歴史をひも解いてみよう。そうすれば何かがはっきりと見えてくるはずである。

とりあえず経過や歴史を調べてみることは、ものの本質に近づくための有力な手段であり、確かな道筋である。

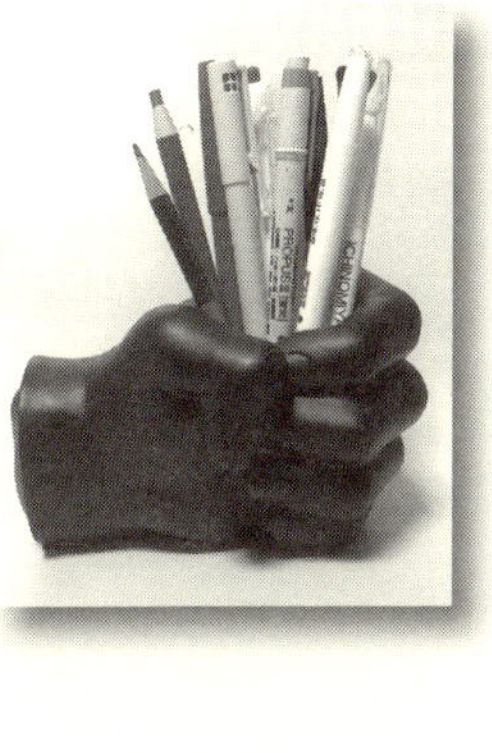

コラム

万博の歴史に学ぶ
―未来のことが見えずとも過去のことは見える―

歴史を調べてみて、たくさんの示唆を得た例を一つだけ挙げてみたい。私が知事時代に関わった愛知万博（愛・地球博）の時のことである。

ご記憶があるかどうかわからないが、二〇〇五年の愛知万博は、開催を迎えるまでさまざまな問題で揺れ動き、今から振り返っても本当に難産の末の開催であった。特に私が最初の知事選挙に立候補した頃は、世界的に環境意識が高まるなか、愛知万博の計画は環境破壊につながるとして反対の声が大きくなり、県民の意見も賛否が真っ二つに分かれ、開催すら危ぶまれる危機的な状況であった。

そのような状況の中で私は、当選すればこれから県政を担うことになる知事候補者として、また選挙後は真正面から万博と向き合うことになるホスト県の知事として、万博を開催する目的や意義について確たる自信と確証を持てなくては、とてもこんな大きな事業を進めることはできないとの思いに駆られたのであった。

そんな立場に置かれた私に、開催することの確信とこれを推進する使命感とを与えてくれたのは、一八五一年のロンドン万博から始まる万国博覧会の歴史であった。万博の歴史を調べそこから学んだことが、とても大きな力になったと思っている。一五〇年にわたって万博が果たしてきた政治的、社会的、文化的意義とそれが後の世界に及ぼした影響の数々は、私の心を開催推進の方向へと力強く後押ししてくれた。

とりわけ私が注目したのは、一九世紀後半のわずか五〇年間に五回も開催したパリ万博であった。現在のパリの発展は揺籃期の万博と切っても切れない深い関係にあり、万博のいわば象徴的存在であることがわかり、大いに示唆を受けたのである。

すなわちパリ万博は、ナポレオン三世の治世下、ミシェル・シュヴァリエを中心とした当時のサン＝シモン主義者たちが自分たちのユートピア思想、理想社会を実現するため、その一大ページェントとして開催したものであった。このサン＝シモン主義とは、一種の理想的社会主義思想で、「人間による人間の搾取」から「機械による自然の活用」への移行、つまり近代科学を積極的に活用することによって産業を振興させ、自由貿易を促進させ、都市基盤などのインフラを積極的に整備させていこうとするものである。そして万博は、まさしくこうした理想未来を実現するための格好の場とみなされたのであった。

その後の現実社会は、実際にそのような方向に進んでいったのだから、サン＝シモン主義と万博が世界の中で果たした役割は決して小さなものではなかった。考えてみると、私が大学に入った時に開催された大阪万博も、高度経済成長期の真っ只中、パリ万博以降連綿と続くそのような思想が底流となり、科学技術を最大限に活かした祝祭イベントであったということができる。

数次にわたるパリ万博によって、まさに中世以来の古いパリの街並みを大規模に改造し、世界中の観光客が訪れる魅力的な都市に変えていくことにもなったし、エッフェル塔をはじめパリの観光シンボルとなっている場所の多くが、万博を契機として建造されまた改造されていったのであった。また、出展品に対して授与される金・銀・銅の褒章による権威付けと競争原理の導入によって、今でも世界中の人々の心をとらえて離さないファッションやワイン、装飾品などの有名「フランス・ブランド」が生み出されたのも万博からであったし、ジャポニスムとして日本の文化が世界へ大きく発信されていったのも万博が契機となっていた。

愛知万博の会場風景

これらのことはいろいろ調べていってわかってきたことだが、今と違って当時はあまり万博関係の出版物がなく、図書館で見つけた鹿島茂著『絶景、パリ万国博覧会』（河出書房新社）はとても参考になったことを記憶している。いずれにしても、このようにして歴史を学ぶことによって、愛知万博を開催する意義や目的を自分なりに確信することができたのであった。

もちろん万博の歴史のことは、ほんの一例に過ぎない。ほかにも様々な事案で歴史を調べ、そこからたくさんのことを学んできたが、今でも私はそうしたやり方で大きな間違いはなかったものと考えている。人間のやることの多くは繰り返しであり、過去をさかのぼっていくことで現在の課題に対処するためのヒントを見つけることができるのである。

現在私は大学で講義する際、必ずこの歴史を調べ歴史から学ぶことの重要性を話している。例えば、なぜわが国は原子力発電が増えたのか、なぜわが国はモノづくりが得意なのか、なぜ高度経済成長を遂げることができたのか、なぜ少子化が進んだのか等々、いつも歴史を探りながら講義している。そのことによって問題の本質が見えてくるからである。

「フランスの詩人、批評家のポール・ヴァレリーは「人は後ろ向きに未来に入っていく。目に映るのは過去ばかり、明日の景色は誰も知らない」と言っているように、私たちは、未来のことは見えずとも過去のことを見ることはできる。その過去に目を向ければ、自ずと未来のこともある程度はわかってくるものである。歴史を学ぶなかに、未来のことを学ぶためのヒントが潜んでいるのである。

心得㉓ 出世願望について

- より上を目指すこと自体、何も悪いことではない。
- 会社のために頑張る人を咎《とが》めてはならない。
- 問題はそれが行き過ぎることだけである。

最近若い人の中で、会社で出世するのを望まない人が少しずつ増えているという。民間会社が行ったアンケート調査などを見ると、ここ数年はずっとこうした傾向にあるようで、どうやら出世することより好きな仕事を楽しくしたいということらしい。※出世すればするほど負うべき責任は重くなり、またもろもろのしがらみも付いてきて、気が休まることがなくなることへの警戒心からきているようである。

好きな仕事を楽しくやっていたいなどと言われても、私などはすぐには合点がいかないでいるのだが、仕事第一主義を敬遠し、出世することへの意気込みが感じられなくなっていることは、平素若い人と接する中で身をもって感じている。やはり時代が大きく変化しているようだ。もちろん私が若かった時代にもそんな人はいた。しかし、まだ少なかったと思う。当時は高度成長の真っ只中にあり、東洋の奇跡と言われた経済成長の中で、人々はひたすら今日より明日の方が良くなることを信じており、「もっと、もっと」と常に上昇志向にあったような気がする。しかし現在のわが国は、バブルがはじけ、失われた二〇年という過去に例を見ないデフレのどん底を経験して、人々の価値観やライフスタイル、そして会社に求めるものも大きく変化してきたように思われる。出世が必ずしも幸福につながらないと考える人が少しずつ増えてきているのだ。

そのせいかどうか、最近は出世志向や出世欲が旺盛などと言うと、どちらかといえば人を軽蔑したり揶揄するのに近い言葉となって、あまりいい意味に使われない。なんとなく口にするのが憚《はばか》られるような印象で、そこには権力志向、自分本位、利己主義などのマイナスのイメージと結び付けられた冷たい空気が漂っている。

けれども、より上を目指す気持ちで仕事をすること自体は、私は決して悪いことではないと考えている。なぜならそれは、たとえ出世願望を秘めていようとも、結果として会社への貢献と一体のものと見ることができるからである。業績を上げ結果を残さなければ上には上がれない。出世というのは、その人のためというのと同時に、結局のところ会社に貢献することでもある。自分の会社のために頑張ること自体は、何も咎《とが》められるようなことではない。

問題はそれが行き過ぎることである。家庭を顧みず、自己犠牲の上に立ち、出世第一主義に陥って、周りのことが目に入らなくなるようでは論外である。さらに言えば、出世することだけに価値を置き、それを獲得するために時には仲間をないがしろにし、あまつさえ権謀術数あらゆる手段を使って階段を駆け上がろうとするようでは、これは誰が見ても首肯できることではない。

それにしても、出世をやみくもによからぬことととらえ、これに背を向けることこそが正しいことと勘違いが広がっていくと、これからこの社会はどうなっていくのかと、私などは余計な心配をしてしまう。

私は大学の講義で、よく「合成の誤謬《ごびゅう》」の話をすることがある。これは、ミクロでは正しいことであっても、それが合成されたマクロの世界では、必ずしも意図しない結果が生ずることになることを指す経済学の理論だが、ひょっとしたら出世のとらえ方にもこのロジックがそのまま当てはまることかもしれないと、ひそかに思っている。幸せとは何かを考えて好きな仕事を楽しむということは、それ自体一つの生き方として決して間違ってはいないと思う。しかし、そのような人がどんどん増えていくとなれば話は違ってくる。まさに合成の誤謬の世界にはまり込み、会社や社会の活力が失われていくのではないかと危惧するのである。

いずれにしても、出世したから幸せで出世できなかったから不幸せなどという単純なものではないことは誰でも知っていることであるが、その当たり前のことをつい忘れてしまうのもまた私たちの習性なのだ。何のために仕事をするのかという問いに対して、出世のためだけに仕事をしていると答える人などいないだろう。しかし、時どきそれがわからなくなってしまう人がいるのもまた現実なのである。

※「二〇一七年度　新入社員意識調査アンケート」（三菱ＵＦＪリサーチ&コンサルティング株式会社）

心得㉔

お金は、ほどほどあればいい

■幸福感を味わうのは、往々にして実現するまでのプロセスにある。

■幸せを感じなければお金は意味をなさない。

「お金は、ほどほどあればいい」などと言われても、ストンと腹に落ちる人はそういない。特に若い人はそうであると思う。なにしろ「ほどほど」の意味がよくわからないし、お金はいくらあっても邪魔にならないものである。誰が考えても多い方がいいに決まっている。

ところで、この「ほどほど」につながるかどうかわからないが、とても興味深いデータを紹介しよう。ともにノーベル経済学賞受賞者で著名な経済学者であるダニエル・カーネマン教授とアンガス・ディートン教授が共同で発表した論文（二〇一〇年）によると、全米四五万人を調査した結果、「収入増加で生活の満足感が上がるのは、年収約七万五千ドルまで」とされているのだ。

七万五千ドルといえば、為替にもよるが、だいたい日本円で約八〇〇万から九〇〇万円ということになるだろう。先の論文によれば、この年収あたりで生活満足度が頭打ちになるというのだから、これがアメリカ社会での「ほどほど」ということなのだろうか。

私は大学の講義で、このカーネマン、ディートン両教授の調査結果を示しながら、「お金で幸福は買えるのか」をテーマに話をすることがある。八〇〇〜九〇〇万円の金額を十分満足できる金額とみるか、人間の欲望には際限がないのでこの金額ではまだまだ満足できないとみるか。講義を聴く学生たちがこの七万五千ドルという金額をどう思っているのか、彼らの心の中まで覗けないので本当のところはわからない。きっと受け止め方は人それぞれであろうと思っている。

しかし、カーネマン教授らの研究結果とは別に、あらためて考えなくてはならないと思っているのは、人が生きていくためにお金とどう向き合っていけばいいのかということである。

日々生活をしていくためには当然お金が必要になってくるし、そのためにせっせと働くことになる。そして、そもそもお金は、人が経済的に自立できないような額であっては困るが、問題は、それ以上にどこまでお金を手にすれば満足を得ることができるのかということである。

人には多くの願望があって、「あれも欲しい、これも欲しい」と手に入れたいものはたくさんある。いい家に住んで、いい車に乗って、旅行に出かけたり、美味しいものを食べたり、贅沢というのは本当にきりがないものだ。それらが手に入って望みが叶えば、ずいぶん幸せなことだろうと誰もが考えるのである。

けれども本当に幸福感を感じるのは、そうした願望がかない実現するまでのプロセスにこそあるのではないだろうか。欲しいものを手に入れるまでのあのワクワク感。しかし達成してしまえばすぐに熱が冷めてしまい、また次の欲しいものに目が移っていく。欲望とはそういうものではないかと思っている。

またさらに言えば、今日よりも明日、明日よりもさらに次の日と、少しでも希望の糸が紡いでいくことにこそ幸せを感じているのである。その糸が絶たれてしまえば、幸福感は大きく後退することになる。長く会社に勤めていて、たとえわずかでも、給料が右肩上がりに増えてくれると信ずることができるからこそ、少しくらいの苦労も辛抱もできるのである。その見込みがないとすれば、我慢する気持ちは薄れ、幸福感もまた減退していくだろう。

お金はほどほどあればいいと言う、その「ほどほど」とは、当たり前のことだが人によって千差万別で、何のメルクマールも基準もないことははっきりしている。あるのはその人の幸福感の受け止め方だけであって、幸せと感じなければお金は意味をなさないし、たとえお金に恵まれなくても幸せに満たされている人はたくさんいるのである。

なんだそんなことかと思う人もいるかもしれないが、こうした極めて普通のことがわかってくるのも、少し経験を重ねた年齢になってからである。

「お金はほどほどあればいい」とは、けだし名言である。

心得㉕ リフレッシュが必要な理由《わけ》

- リフレッシュしないと知らぬ間に「不機嫌」になっている。
- 「不機嫌」は仕事にいいことは何ひとつない。
- 「まあ、いいだろう」という落とし穴にはまり込む。

仕事をしていると、誰でも多かれ少なかれ疲労やストレスがたまり、心身に不調をきたすことがある。心の疲れは体調に響くし、体調が優れなければ心の安定を欠く。

そうした事態を避けるためには心身のリフレッシュが必要で、適度な運動をしたり趣味を楽しんだり、時には思い切って休暇を取って旅行するなど、仕事のプレッシャーから解放されることが求められる。これはとても大切なことで、職業人として常に念頭に置いておくべきことである。

リフレッシュをしていないとどうなるのか。心身のバランスを崩して、最悪の場合には過労死に至ることさえあることは、最近の報道などでよく耳にするが、そこまでいかなくても、まずは「不機嫌」になる。この不機嫌というのは、仕事には全く不都合な状況を招くことを肝に銘じておくべきであろう。不機嫌になって人間関係がうまくいくはずがない。人間関係がうまくいかなければ、ますます不機嫌になって仕事にも支障が出てくる。悪循環である。

さらに、単に不機嫌というだけでは済まない、取り返しがつかない事態を生むこともある。それも疲れから緊張感を欠くことによって引き起こされる。

たとえば、日常のこんな風景が思い浮かぶ。どの会社でも行われている稟議《りんぎ》や決裁。こうした稟議や決裁などは、会社にとって重要な事項を決定する場合も当然含まれている。しかし、忙しさにかまけて、しっかり目を通して判断することがおろそかになる瞬間というものがある。特に、仕事に追われ疲れて緊張感を欠いている時などがそうだ。ろくに内容を確かめもせず押印しそうになる。

「すでに会議で話し合ったことだから、あらためて読むまでもないだろう」

「何人もの人が見るのだから、自分くらいよく読まなくてもいいだろう」

「まあ、内容に問題があれば誰かが気が付くだろう」

「最終的には上司が判断することだから」

と手を抜くことがないとは言えない。心身に疲れがたまっていると、「まあ、いいだろう」という落とし穴にはまり込むのだ。しかし、そんな小さな心のゆるみから、取り返しのつかない事態が発生することがある。

「あの時、もっと慎重に検討すべきだった」

「どうして誰もそのことに気づかなかったのか」

などといくら愚痴って後悔してもすでに遅すぎる。こんな光景はどこにでもありそうなことである。

だが、平生この普通の注意が払えるかどうかは、実は心身の健康状態にかかっている場合が多い。つまり、リフレッシュできているかどうかが、非常に大切になってくるのである。

リフレッシュのやり方は人それぞれである。いずれにしても、体も心も仕事から解放して身を軽くしてやることだろうと思う。

心得㉖

アフターファイブの付き合い

■無理してでも出席してよかったと思うことが多い。
■迷ったら「行くべし」である。

社会に出て働くようになると、アフターファイブの付き合いがどうしても増えてくる。しかし、この付き合い方が、結構迷うもととなって悩ましいのである。

会社の上司や同僚から飲み会に誘われることがあるし、学生時代の友人や個人的に関係するサークルやグループからの誘いだってある。接待ゴルフや食事会など、取引先などの人の場合もある。これは仕事の範疇に入るだろうが、いずれにしてもアフターファイブであったり休日であったりする。そういえば、最近ではランチミーティングと称する昼食会も盛んと聞く。これはさすがにお酒は付いていないだろうが……。

そうした会合は、付き合いだせばきりがないし、そうかといって断ってばかりでは、人から付き合いが悪いと思われ、その後の人間関係に影響を及ぼしかねない。どうしたらいいのかと悩む人も少なくない。

もっとも最近の若い人は、仕事が終わった後の時間や休日は、会社から拘束されず自由な時間を過ごしたいと考える人が多いらしく、こうした付き合いを敬遠することも当たり前になっているようだ。少なくとも私が経験した市役所や県庁での二〇年あまりはそうした傾向が見て取れたし、いろいろな調査結果を見てもはっきりと数字に表れている。まあ、それはそれで現代人のライフスタイルとしてわからないでもない。

私自身の経験になるが、弁護士の時代、市長そして知事の時代、そして現在も含め、仕事柄どうしても夜の会合などの機会が多く、時には何日もそんなアフターファイブが続き、なおかつ夜の会合も二次会、三次会に及ぶなど、しばしば体が悲鳴を上げることもあった。体力的にもそうであるが、会合などが頻繁に続くと精神的にも疲労が蓄積して、もう勘弁してほしいと泣き言を口にしたくなるような気持ちになり、何か口実を作って欠席しようと考えたことも一再ではなかった。

しかし、「せっかく声をかけてくれたのだから」と言い聞かせ自らを叱咤して出席してみると、ほとんどの場合「ああ、来て良かった」「いい人と出会えた」「とてもためになった」と、無理しても出席したことがつくづく正解であったと思わされたものだった。仕事時間以外の会合というのは、往々にしてこうした結果をもたらすもののようで、これはあくまで私の経験であるが、無理するだけの価値があったなあと思い知らされるケースがほとんどであった。むしろ、「今日来てなかったらまずかった」と安堵しながら、家路につくことが多かったのである。

もちろん心身の状態にもよることで、あまりにハードなスケジュールでアフターファイブをこなしていたのでは、その後の仕事に支障をきたすことになるし、それよりも何よりも健康を害してしまっては元も子もなくしてしまうが、人が集まる会合などは「迷ったら行くべし」と私などは考えている。

そういえば、職場から飲み会、麻雀、職場旅行などが本当に少なくなってしまったなあと思うことがある。それがいいことなのか悪いことなのかは別にして、いずれにしても人と人との関係で、どこでコミュニケーションをとり、どう情報を交換しあうのか、あるいはどんなふうにして心のストレスを解消するのか、一度真剣に考えてみる必要はある。人それぞれのやり方があるので、一つに絞ることは野暮なことであるが、私の体験から言えることは、「迷ったら出よう」である。

コラム

お酒のたしなみ方

――記憶喪失に備えよ――

社会に出ると飲酒の機会が多くなる。慰労会、送別会、反省会などと、何かと理由をつけては飲み会がある。もちろん取引先との接待もある。

酒は対人関係を円滑にする潤滑油であり、また取引先と良好な関係を構築するうえで不可欠などと言われてきたが、昔と比べて今はこうした酒を飲む機会も減っているらしい。と言っても、まだまだ夜ともなればネオン街は賑わっており、行きつけの居酒屋や赤ちょうちんに繰り出す人は多い。

けれども、酒にはどうしても失敗談はつきもので、恥ずかしながら私も、酒の上の失敗談には事欠かない。とても恥ずかしくて思い出すだけで冷汗が流れる思いをしてきたことも数え切れなくある。

その失敗の元凶は、飲んだ翌日には記憶を完全に消失しているという恐ろしい事実による。飲んでいるうちはそれなりに会話が成立しているし、本人もまた理性的に話しているつもりでいる。そして自宅に帰り着くまでも、まだ意識はそれなりにしっかりしている。しかし、帰宅して布団に入り一晩寝た後はもういけない。昨夜のことはきれいさっぱり忘れてしまっている。否、忘れてしまったこと自体を認識していない。やがて誰かに昨晩のことを話題にされ、指摘されるまで全く気づかない。その時になって、やっと何も覚えていないことを知って呆然とするのである。「ああ、酔っていてそんなことを話し、そんなことまで約束していたのか」と、目の前が真っ暗になるのである。これまでに私は──特に若かった時には、何回そんな経験をしてきたかしれない。

記憶をなくしてしまうのは脳生理学的にどんなメカニズムによるものかはわからないが、とにもかくにも記憶が消えてしまう恐ろしさを十分知っておくべきである。とりわけ自分の適量や飲酒のペースがわからない若い年代では、若さにかまけてつい酒量が過ぎ、酩酊して他人に迷惑をかけることもある。深酒は体にも良くないことは言うまでもないが、記憶をなくしてしまうことで起きる失敗のことも、絶対忘れないでいただきたいと思う。これは私の痛切な経験であって、また多くの人の苦い思い出でもある。

とはいえ、宴席や酒席を避けて通れないとすれば、またその場の雰囲気でつい飲み過ぎることもありうることと考えれば、記憶が飛んでものを忘れてしまった時のために、あらかじめ何らかの備えをしておく必要がある。そのためにできることとしては、できるだけ酒席でも忘備のためにメモをし、あとで思い出せるよう準備しておくことしかない。

この点、苦い経験を持つ私は、いつの時もせっせとメモをするようにしている。例えば、酒席で手元にメモ用紙がないような時には、テーブルにある紙ナプキンやはし袋などなんにでも書き込んでポケットに入れる。ポケットに入れておけば、翌日着替えの際に必ずそれを見る。メモを見て昨日のことを思い出す。

酒を飲む以上は、そんなことで失敗を回避するしか道はない。これまで私は、一片のメモ書きでどれほど助けられたかしれない。ただし厄介なのは、本当に深酒した時は、ミミズがはったような判読不明の文字になっていて、メモに何が書いてあるのかわからないことがある。こうなっては全くお手上げと言わなければならない。

世の中、酒が飲める人と飲めない人がいる。生理的に酒を受け付けない人にとって、酒席は嫌で嫌で仕方がないこともあるであろう。決して無理に飲んだり飲ましたりしてはならないことは言うまでもない。これは絶対である。

また、飲めないことで仕事が上手くいかないことなど決してないと、肝に銘じておいてほしい。あなたを大切に思う人たちは、飲めないことなど意に介さないはずである。もし上手くいかないとするならば、それは飲めないからではなく、他に原因があると思うべきである。

お酒は、楽しくかつほどほどにたしなむべしである。自戒を込めて……。

心得㉗

仕事ができる人とは

■まず自分の「役割」が何かを知る。
■目の前の仕事ができなくては話にならない。

日常さまざまな人と交わって仕事をしていると、時々「ああ、この人はとても仕事ができる人だ」と思い知らされることがある。

どちらかと言えば自分より年長の先輩の中に多く見かけるが、必ずしもそうとばかり言えず、同僚や後輩のなかにも発見する。また、それは社内の人のこともあるし取引先など社外の人のこともある。そんな人に出会えたならばとてもラッキーだ。その人をよく観察し、仕事のやり方や考え方を大いに学べばいい。何ごとも真似ることが大切である。

「仕事ができる人」というと、いかにもやり手で百戦錬磨の企業戦士のようなイメージを思い浮かべがちであるが、決してそうとは限らない。もちろんそういう人もいるであろうが、地味で目立たない存在であっても、なすべき仕事をコツコツとこなし、確実に周りの期待に応えている人もいる。私は、そのような人も「仕事ができる人」と考えている。そんな人は自分の「役割」をよく知っていて、その役割をきちんと務めている人だ。何も表舞台で華々しく成果を上げている人だけが仕事のできる人ではない。

その意味において、どんなに目立たない裏方の仕事であっても、また周りが嫌うような単純な仕事であっても、もしそれがあなたに与えられた仕事であるならば、決して馬鹿にしたり軽んずることなく、まずそれをしっかりとやり遂げるべきである。会議の設営準備であったり書類のコピーや整理であったりと、それがたとえ雑用と見られるような仕事であっても、その仕事ぶりから、やる人の能力や人柄までもがはっきり見て取れることがあるものである。雑用や補助的な仕事は、その人の能力をアップさせるトレーニングであって、いつしか本物の仕事ができる人に繋がっていくものだ。小さくとも目の前の仕事ができなくては、とても話にならないと思っている。

例えば、こんなケースはどうであろう。日頃から英会話や簿記、ＩＴ技術などの技能向上に熱心に取り組み、いわゆる自己啓発やスキルアップを図っている人がいるとしよう。もちろんその向上心は立派であるし、周りからもその前向きな努力を評価されるに違いない。しかし、日常その人に与えられている仕事がきちんとできていなくては、いくら「自己啓発」に熱心であっても、上司からも同僚からも厚い信頼が寄せられることはない。場合によっては、利己主義ないしは自分本位のナルシストと見られて敬遠されることさえある。つまり、仕事ができるということとは対極の評価が下されてしまうことになるわけだが、こんなことは自明のことと思われるにもかかわらず、目の前の仕事を軽んじている人が決して少なくない。もったいないことである。

逆に、目の前の自分の役割をしっかりこなし、着実な仕事をしている人には、その堅実さに信頼が集まり、次の仕事もやってもらおうということになり、その結果、経験を重ねてさらに成長するチャンスを増やしていくのである。これもごく当然のなりゆきであるが、この自覚がない人を時々見かけて隔靴掻痒《かっかそうよう》するのである。

仕事ができる人というのは、特に若い時には、与えられた自分の役割・期待が何かということを自覚することから始まると、私は考えている。

心得㉘

会社の懐《ふところ》の深さ・広さを知る

■人材の多様性は会社の持つ武器である。
■会社の多様性は自分の可能性を引き出してくれる。

会社という組織は——これは公的機関でも同じことだが——やはり人の集合体だけあって、そこにはいろんな人が混じり合っている。

かつて私も、個人事業の典型とされた弁護士の世界から一転して、市役所そして県庁という巨大な組織に入ってみて、役所というのは実に多様な人の集まる職場であることを今さらのように気づかされた。

世間では、公務員というだけである種の固定的なイメージを持っており、その肩書だけでなんとなくその人の人間性までをも推し測る傾向にある。実は私もそうであったのだが、役所に入ってその考えが一変した。公務員という言葉だけではとても一括りにはできないさまざまな人材がひしめき合っているのである。民間の会社ならなおさらかもしれない。

実際に組織を構成する人材は百花繚乱である。当たり前のことだが、有能な人とそうでない人がいるし、やる気が満々な人といささか覇気に欠ける人もいる。得意分野はそれぞれ違っていて、企画力に優れた人が必ずしも実行力に優れているとは限らないし、人望があるかどうかは才能の有無と合致していないのはよくあることである。明るい性格ゆえに人に好かれていても事務処理能力が見劣りすることもあるし、積極性に欠けていてもやるべきことはコツコツと確実にこなしている人もいる。こんな言い方は失礼にあたるかもしれないが、中にはちょっと変わった人や何を考えているのかよくわからない人もいるが、それもこれも含めて組織のメンバーであって、言い方を変えれば組織の人材の多様性、つまりダイバーシティである。

そうした組織では、有能な人はそうでない人をカバーすることになるであろうし、不得手な分野は得意とする人が補うことになるであろう。極端なことを言えば、多少できない人がいても全体としてどうにか回っていくのが会社の組織というものである。また逆に、常識を超えたユニークな発想ができる人がいて、時には思わぬアイデアを出してくれることもあるし、平生ぼんやりしている人が、いざとなった時に思いもよらない力を発揮することもある。人材が集まる組織というのは、ある意味それだけ懐が深いと言うことができる。

こうした組織としての懐の深さ、言い換えれば許容性というかあるいは寛容性というか、個々人を包み込むだけのキャパシティーは、組織が持っている最大の武器と言うべきものである。従って、たとえ能力的に問題があっても、少しばかり性格がとがっていたりしても、そのような人が混ざり合っているのが会社や組織の自然な姿であるという事実を、頭に入れておくことはとても有用である。

そのことに思いがいたらず、能力が劣っていることをことさら咎めたり、また少し異質のキャラクターであることを過大に問題視することは、組織が持つべき許容性や寛容性と真逆をいくことであって、懐の深さという良さを殺してしまうことになりかねない。この点は、もしあなたが組織の一員であるならば、よく認識しておいていいことである。たとえ少しばかり面倒な思いをすることがあっても、組織ゆえのことであって我慢しなければならない。

また、会社は懐が深いだけでなく、懐の広さもあわせ持っている。例えば転勤や異動のケースを考えてみると、辞令一つで職場が変わり新しい仕事をゼロからスタートさせなければならないことがある。当然いろいろ苦労や面倒なことが伴うであろうし、意にそわない異動の時などには、理不尽な人事と不満を感じることもあるであろう。しかし、長い間にいろいろな部署を経験していると、いつしかその人にふさわしい職務を見出していることが少なくなく、知らぬ間にその人の能力に見合った場所に落ち着くこともあるものだ。いわゆる適材適所というものので、これは会社や組織の守備範囲の幅広さによって可能となることである。

私の役所時代には、ついこの間まで教育関係の仕事をしていた人が、異動で一転病院事業の仕事に変わり、さらにその後、産業振興の部署に変わることなどは日常的にあった。スペシャリストを必要とする職場は別としても、どこの役所においてもよく見られる風景である。

このような様々な仕事を通じて、いつしか自分に向いている仕事を発見し、やがてその仕事に誇りや愛着を感じるようになるというケースもたくさん例がある。ある程度の規模の会社には、こうした懐の広さも備わっているわけで、これもまた会社の大きな武器である。個人事業や小さな組織では、これはなかなか難しい。

意外と認識することが少ないことであるが、特に若い人には、こうした会社の懐の深さや広さを十分理解していれば、職業人としての可能性が広がっていくことだろうと思っている。

心得㉙

一流の人とは

■努力しても結果が出ないことがあるが、
　努力なしでは決して結果は生まれない。
■一流は、ケタ違いの努力と才能が求められる。
■一流などという物差しを捨てて、自分の道を歩めばいい。

社会の中には「一流の人」と称される人が確かにいる。私たちは、そんな人に強い憧れや尊敬の気持ちを抱く。

そこで、一流の人とはどんな人だろうかとあらためて考えてみると、一般に卓越した能力や技能を持ち、大きな業績をあげてその分野を究めた人となるであろう。しかし、言葉ではそうであっても、あらためて具体的にどんな人かと問われても、どうもうまく答えられそうにない。まあ、人より抜きんでた存在であって、多くの人が羨望の眼差しを向ける一握りの人々とでも言っておくほかない。

私もこれまでの人生で、「ああ、この人は凄いな」「我々とは別次元の存在だ」などと心から感銘を受けた人に出会うことがあったが、もちろんそんな経験がそう多かったわけではない。けれども目を凝らしてよく見れば、そういう人は社会の中には必ずいるものである。政界にも経済界にもスポーツや芸術文化の分野にも厳然として存在している。もし身近に出会うことができれば、それはラッキーなことである。

一流という表現をよく使うのは、「一流選手」などの呼称が頻繁に出てくるスポーツの世界である。ちょっと思い出してみても、野球、サッカー、ゴルフ、相撲、体操、水泳、スケート等々、あらゆる分野でたくさんの名選手たちの顔が浮かんでくる。

しかし、ここで注意を要するのは、それらの一流選手たちはことごとく「結果」（記録）を残している人ばかりであるということである。結果が伴わないのでは、どれほど努力が立派であっても一流にはなれない。「結果よりも努力が大切」などということが通用しない世界なのである。ここが難しいところで、一流という世界は、結果を出す人たちで占められている。

ビジネスの世界でも芸術や科学の世界でも、基本的には同じである。数字を出せないビジネスマンも、高い評価の作品を生み出さない芸術家も、立派な業績を残さない科学者も、やはり一流の称号にはあずかれない。何とも身もふたもない話になってしまいそうであるが、こと一流と見られるかどうかはまさにそういうことなのである。

ただし、ここで間違えていけないのは、その「結果」を生みだしているのは、恵まれた才能にもよるだろうが、やはり最後は努力しかないということである。努力しても結果に結びつかないこともあるが、努力なしでは結果が現れてくれることは絶対ない。ここが一流という概念にある最も核心の部分だと思っている。

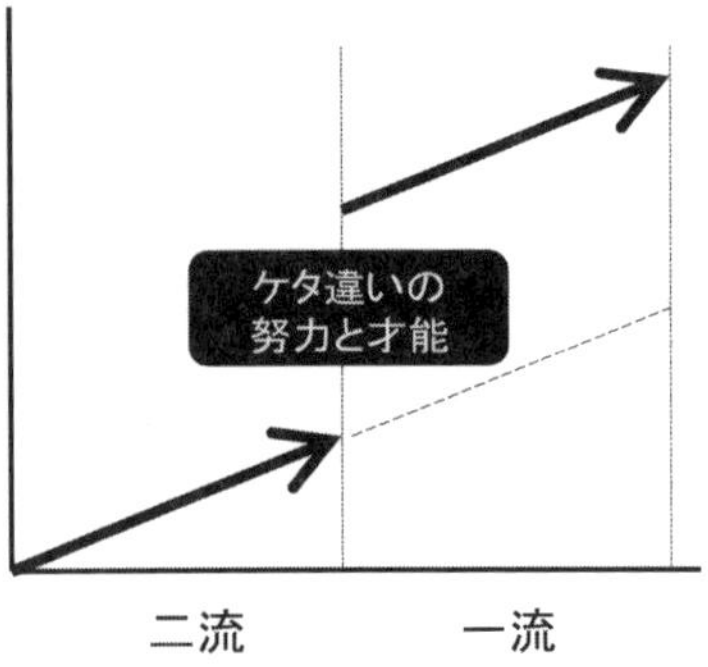

そしてさらに言えば、一流の人というのは、普通の人がコツコツ努力を重ねながら一歩ずつ一流の世界に近づいていくというういわば右肩上がりの線上でイメージしがちであるが、とても同じ線上では到達しえない、はるかに上の努力ができる才能豊かな人たちである（上図）。全く次元が違っており、いくら延長線をたどっていっても到達できない存在である。つまり真に一流の人とは、普通のレベルをはるか飛び越えた別格の努力の人であるということができる。

何度も言うが、それほどの努力をしても結果を出せずにいる人はたくさんいる。一流などというのは、考えてみれば過酷で情け容赦のない世界で、ひたすら頑張った人だけが受け取れる称号なのである。

以上のことから言えることは、いたって簡単なことである。一流の人になるなどということは、誰に対してもそう簡単に口にすべきことではないし、また安易に他人に勧奨すべきことでもない。それよりも何よりも一流などという物差しは捨て、あなたが自信を持てる生き方を歩めばそれでいいと考えている。私などは、とっくの昔に一流を目指すことなど断念したのだが、身の丈に合ったその判断に何も後悔もない。

もっとも、一流の人を望まなくても、人生一度くらいがむしゃらの努力を払ってみるのもチャレンジとしては面白いと考えている。そうすれば、ひょっとして自分でも想定していなかった結果が生まれてくるかもしれないからである。社会というのは、時々そうした不思議なことが起きるようにできているものだ。

心得㉚ リーダーの要件

■リーダーは、

(1)威圧感を与えない。

(2)利口ぶらない。

(3)群れるようなことをしない。

(4)言い訳をせず他人のせいにしない。

(5)常に心に余裕がある。

(6)思いつきに頼らない。

■真のエリートは、断ることができる責務をあえて受託する人。

これまで私は、政界や経済界をはじめ様々な分野でリーダーと言われる人々に出会ってきた。それには国内に限らず外国のリーダーたちも含まれる。そんな人々から、リーダーとかリーダーシップについて学んだことはとても多い。私なりに経験から得たことの一端について、少しここで触れてみたい。通俗的であり、独断と偏見に陥っているかもしれないことをあらかじめお断りしておく。

①リーダーは威圧感を与えない

リーダーというのはまぶしく輝いており、周りの人に風圧さえ感じさせることがあると言うが、私の経験では全くそんなことはなく、むしろ穏やかで静かな人が多い。私の印象ではおよそ超人的な資質とは無縁の人が多く、決して人が身構えなければならないような圧力を感じさせない。むしろ威圧感を与える人は、真のリーダーとは言えないとさえ思う。

私の知っている政界のトップも世界的企業のトップも、もの静かで穏やかな話しぶりの、極めて自然体の様子で接してくれた。それゆえ私は深く感銘を受けたのだった。なかには威圧感を感じさせる人もいないわけではなかったが、かえって薄っぺらな印象が強く、尊敬の念が生まれることはなかった。

②リーダーは利口ぶらない

リーダーは日頃からよく学びまた研究しているので、十分な知識や戦略を備えている。そういう人は、その知識や戦略をやたらひけらかすようなことをしない。つまり、人に対して利口ぶることはしないものである。そんなことをしなくても、周りがとっくにそれに気づいている。黙っていても周りが気づくくらいになって、初めて本物のリーダーである。

③リーダーは群れるようなことはしない

リーダーは孤独に耐えなくてはならず、人と群れることをしない。グループや派閥などに入ることを否定はしないが、そこで自由を縛られ埋没してしまうようでは、とてもリーダーと言えないだろう。仲間やグループを大切にするが、だからといって多数で群れてむやみに集団行動に走ることをしない。群れることは、逃避場所であり隠れ蓑であることが多い。

④リーダーは言い訳をせず他人のせいにしない

起きた結果について弁解をすることは誰にもあるが、弁解はそれを繰り返せば言い訳になる。リーダーは潔く自分の責任を認めて他人のせいにしない。むしろ仲間をかばう度量を持っている。かばってやれば間違いなく人とつながることができる。この人と人とのつながりが固い信頼になっていく。これがリーダーの人望というものである。

⑤リーダーは常に心に余裕を持っている

リーダーには余裕があることが求められる。心に余裕のない人は、不機嫌になったり焦ったりすることから、周りにもそれが伝わり、余計な不安や心配を抱かせる。その結果はいいことなど何一つなく、ろくでもないことしか返ってこないものだ。余裕は、人々に安心感を与え好結果を生むことになる。まず精神的なゆとりを持つよう努めることが大切である。

⑥リーダーは思いつきに頼らない

ものごとを遂行する場合、まず構想を練り、そして計画を定め、その方針に沿って進行していかなければ、とてもチームの統帥は取れない。思いつきで動いていたのでは、思わぬ方向に進んでまともな仕事ができない。

また、ふとひらめくアイデアも同じで、それがどんなにか素晴らしいものであっても、単なるひらめきだけでは、往々にして混乱を惹き起こすもととなる。何かアイデアが思いついた時には、そのひらめきをまず十分検証し、「寝かせて」からものを言うべきである。この寝かせて熟成させることをせずにいきなりものを言えば、周りの人たちを驚かせたり迷惑をかけるだけで、せっかくのアイデアもいつしか露のしずくのように消えてしまうものである。私などはこの思いつきによる軽はずみな発言でこれまで何度も恥をかいてきたばかりか、たくさんの人を戸惑わせてきた。ひらめきに頼ってばかりいると大ケガにつながる。

……とここまで書いてきて、これはリーダーの要件というよりも、社会生活全般に共通する人間関係のセオリーであることに気付いたので、ここで少し視点を変えてみたい。

スペインの哲学者オルテガ・イ・ガセットの言葉を引用する。

「社会を大衆と優れた少数者に分けるのは、社会階級による分類ではなく、人間の種類によるのであり、上層階級と下層階級という階級的序列とは一致しえないのである」

（『大衆の反逆』より）

オルテガは、真のエリートは断れば断ることのできる特別の社会的責務をあえて受諾するものであると指摘している。

そう、真のリーダーには、オルテガの言うようなエリートであってほしいと考えている。エリートなどと言うとどうも特権的な胡散《うさん》臭い人物を連想しがちであるが、本物のエリートとは、本来その人がしなくてもいい仕事をあえて受け入れ、自らの責務として困難に立ち向かう人のことを指している。これはとても崇高なことで、まさに真の意味でのエリートと言っていいだろう。そして、このことは上司や部下などという地位には無関係のことで、まったく若い人であってもそのまま当てはまることであると考えている。

私もこれまで、そうした困難に立ち向かう勇敢な若者を何人も見てきたが、それこそ本物のリーダーのあるべき姿なのではないかと、今あらためて思っている。今後さらに若い人たちに期待したい。

心得㉛
手本となる人を見つけよう

- 社会で起きることは人の真似から始まっていることが多い。
- 真似であっても責任は自分にある。
- 真似する相手は変わって当然。

どうしたらいいかわからず悩んだりふさぎ込んだりすることは、誰にもあることだ。特に若い時は、経験が乏しく何ごとにつけ処世についての蓄積がないので、目の前に直面する課題に対して、どう考えたらいいのか、何をしたらいいのか、どうふるまったらいいのかと、思い悩むことがよくある。若い時には誰もがぶつかる壁の一つである。

そんな時のために、平生から手本となる人を見つけておくといい。

手本になる人は、身近にいる場合もあるし、自分から少し離れた距離にいる場合もある。また一人だけに限らず、複数のこともある。ただし、年齢には一切関係ないことに心をとめておくべきである。通常は経験豊富な先輩ということになるであろうが、必ずしも上司とは限らないし、また年長の人とも限らない。自分より優れた能力や判断力を持っている人ならば、誰もが見習うべき手本となりうる。

何かわからないことに出会ったり、迷うようなことがある場合には、「あの人ならどう考えるだろうか」「この人のやり方を真似てみよう」などと、手本となる人の思考や判断を頼りにすることは一つの方法である。そうすることで悩みからいち早く脱することができ、また自らの決断にも自信が持てることとなる。私も経験してきたが、そのようにして判断を誤ったことは、そうはなかったように思っている。

そのためには、日頃から周りをよく見て、信頼し尊敬できる先輩や同僚、また社外の人たちを見つけておくことだ。そして、その人の言動やふるまい、生き方などをよく観察しておくことが重要で、いざという時にはその人を手本に真似ればいい。私たちが社会でやっていることのほとんどは、人の真似から始まっていることばかりである。

だがここに言う「真似」とは、問題を検討し判断する上であくまでその人を参考にすることであって、もちろん盲従することではない。あなたがする決断は、あくまで自己判断によるものであって、最終の責任は自ら負うべきものである。人のせいにしていいものではない。

手本とすることで気を付けなければならないのは、真似すべき手本となる人は、時と場合によって当然変わりうるということである。何も一人の人にひたすら追従することがいいことではない。なぜなら、あなたが直面するであろう課題はさまざまであって一つだけではないからである。また、経験を重ねるにしたがってあなたも成長し、レベルが上がってくるので、求める手本も自ずと違ってくる。特定の人がいつまでもあなたの手本であり続けるなどということは、手本を越えられずに自身の成長が停滞していることを意味する場合もあるので、この点は十分留意すべきである。一般に師弟関係についてよく指摘されていることと全く同じ理屈ある。

自分の周りに、真似たくなるような人がいることは幸せなことである。しかし、そんな手本となるような人は、自分から積極的に探しにいかなければそうそう見つかるものではないが、よく目を凝らして観察すれば必ずどこかにいるものである。それを信じて身近に手本を見つけてみよう。

心得㉜

側近に英雄なし

■人の実像を知るには近くに寄ってみるしかない。

■完全な人間など存在しない。

■リーダーもせっかちで小さなことにこだわっている。

■素の顔を見せてくれるのは信頼の証《あかし》。

しばしば立派なリーダーを評して、あの人は小さなことに頓着せず、またいつも落ち着き払って悠然とした風格があると言われる。最大級の誉め言葉の一つといえよう。

ところで、遠くで仰ぎ見ていた時にはそんな風格を備えた立派な人と思っていたのに、少し親しく付き合ってみると、意外と細かなことにこだわる神経質な人だったり、思いのほかせっかちで短気な人であることがわかってきたりして、何か裏切られたような気になることがある。

その人と一緒にいる時間が長くなってくると、それまで抱いていた印象がそんなふうに逆転する場合がある。その人との距離が狭《せば》まり側《そば》に近づいて行けば行くほど、以前とは違った姿が目に映ってくるわけで、尊敬し憧れる上司や先輩などに対してそんな経験をすることが多い。

だが、考えてみればこれは極めて自然なことで、人をずっと遠くから眺めるのと直接会話をできるような距離で観察するのとでは、目に映るものが違ってくるのは当たり前のことである。

またさらに言えば、冒頭の例のように、リーダーと目されるような人が、仮にものごとに性急で細かなことにこだわりを見せることがあっても、それがリーダーシップを発揮するうえで弱点になるかといえば、決してそんなことはないと考えている。

だいたいリーダーの立場に立つような人は、その職責ゆえに、ものごとを対処するのに性急であることが多く、総じてせっかかちで短気な人が少なくない。ただ平生それと悟られないように努めているだけで、悠然と見えたのはその人の一面を見ていただけである。また、およそ細かなことに気を配らないリーダーなどいないと断言できる。神経を研ぎ澄ませて細部に気を配り、さまざまなことに意を用いることができる人でなければ、とてもリーダーの役割は務まらないからだ。これまた普段はそう見えないように自らを制御しているのである。要は、急ぐとも焦らず、細心にして大胆たれということである。私の知っているリーダーと言われる人たちも、多くはそんな人たちであった。

つまり、外に向かっては自己制御しているのであって、心を許すことのできる身近な人に対しては、素の顔を見せることがあっても何の不思議もない。人には必ずいくつの顔があるものである。

問題は、人間は完全な存在ではないことを知ることである。一面だけ見てそれを鵜呑みにしないことである。人の多面的な実像を知るためには、やはり近くに寄ってみることが肝要である。

言い換えれば、近くに寄っていけば、人は素の姿をさらけ出してくれる。それは、あなたに対して警戒心を解き、気を許して信頼の扉を開いている証《あかし》なのである。そうなれば「しめた」と思っていい。

かつて私が知事や市長をしていた時のことを思い出す。おそらく私の近くで仕えてくれていた秘書たちは、私がいかにせっかちで、また小さなことにこだわる人間で、いつも迷ってばかりしている姿を目の当たりにしていたに違いない。側にいる人には、いつしか自制することを忘れてしまうものである。しかし、それも私の実像であり、世間にさらしているのとはまた別の私自身であった

心得㉜

「側近に英雄なし」という言葉がある。

確かこれは、絶頂期にあった総理大臣田中角栄の秘書早坂茂三氏が、記者から総理の印象を聞かれた時に答えたセリフと記憶している。

コンピューター付きブルドーザーと呼ばれ今太閤などともてはやされて、わが国の政治のトップまで登りつめた人であっても、側近の秘書から見れば、余人ではうかがい知れない生身の人間としての姿がそこにはあったに違いない。そう、生身の人間というのは世間の評価とは別のもので、英雄でも何でもない。当たり前であるが、普通の人間と同じように短所や弱みもたくさん持っている。いつも聖人君子でいられる人などいないのである。

このことは知っておいて損はない。そして「側近に英雄なし」の言葉も覚えておいてほしい。いつかきっと役立つ時があるに違いない。

心得㉝

読書の効用

■読書は仕事にも人生にも役に立つことが多い。
■感性を磨き想像力を豊かにする。
■視野が広がり洞察力を深める。
■生きる勇気や使命感を学べる。

読書離れが言われて久しいが、特に最近ではスマホなどのＩＴ機器の普及でそれがいっそう顕著になった。書店の売り上げも落ちているらしく、出版業界は受難の時代と言われている。

こんな話を聞くと、読書好きな者としてはとても寂しい気持ちにさせられるが、これが現実とすれば、一人の読書好きだけではいかんともしがたいことである。だが、私などは活字文化に畏敬の念を抱いている方なので、今も相変わらず書物をかた時も手放せずにいる。

ところで、ずっと前のことになるが、週刊誌の『朝日ジャーナル』（一九八二年五月七日号）に立花隆氏の「『実践』に役立つ一四カ条」という文章が載ったことがあった。その記事には、あくまで仕事と一般教養のための読書と断ったうえで、最初の一カ条に「金を惜しまずまず本を買え。本が高くなったと言われるが、基本的に本は安い」と記してあった。これには私も我が意を得たりと大いに共感した。以来、自分なりに本にはおカネを惜しまずにきたつもりである。けれども私が読んできた本は、氏の言う仕事や教養には無関係の、どちらかと言えば趣味のたぐいの文芸作品やノンフィクション作品などが多かったので、無駄使いしてきたかもしれないなと気が引ける思いも無きにしもあらずである。

そうした本が少しは仕事に役立ったかと聞かれれば、直接的には何の役にも立たなかったと言わなければならないが、いまあらためて振り返ってみると、やはりその時どきの仕事に少なからず影響を与えているような気がしている。

それは第一に、感性を磨くのに少しは役立っているだろうと思う。

文芸作品などは、実に多様な人生の機微を教えてくれるし、時には「人間とは何か」までを考えるきっかけともなってきた。人間の感性というのは、何気なく読んできた本からも知らぬ間に影響を受け形成されていくものである。

第二に、想像力をより豊かにしてくれたと思っている。

本を読んで頭の中でいろいろ思いを巡らせていると、ヴァーチャルではあっても現実世界そのものが目の前に浮かんできて、仮想の物語を通じて多くの体験ができる。そうした経験が間違いなく想像力や思考力をより広くより深くしてくれている。

第三に、特に歴史小説などがそうであるが、先人の生き方などから多くの影響を受け、知らないうちに大切なメッセージを受け取っており、生きる勇気や使命感のようなものを身につけてきたと思っている。

「三国志」などの中国のものに登場する人物や、日本のものでも戦国時代や幕末から明治にかけての歴史上の人物たちは、どうして現代人の心を強く揺さぶるのだろうか。かつて夢中で読んだ歴史小説からは、面白さとともに心にズシンと響く深い感動が余韻として残ったものだ。

そして最後に、特にノンフィクション作品がそうだが、仕事とは直接かかわりのない分野であっても、社会の事象を知り、その問題点などを示唆してくれるので、ものを見る視野が広くなるだけではなく洞察力を深めることにも貢献してくれている。

つまり読書は、さまざまな知識を得ることはもちろん、思考力や判断力、想像力や直感力、さらに感性や人生観など、知らず知らずのうちに私の全人格を形成する元になってきたと言える。言葉を換えれば、読書は私自身の土台をつくってきたもので、これがなかったら今ある自分とは違った自分になっていただろうと思っている。

とまあ、いろいろ能書きめいたことを書いてはみたものの、趣味は趣味として大いに楽しめばいいと思っている。たくさんの本を読めば読むほど、おのずから文章の流れや言葉の使い方、表現方法などに敏感になり、決してプロ作家のように上手くは書けなくとも、わかりやすさや読みやすさといった最低限の文章作法を身につけることには貢献していてくれているような気がする。文章が上達するための近道は、たくさんの本を読むことに尽きると思っている。いずれにしても、楽しみながらこうした効用があるのだから、本は安い買い物である。

また、こうして読書の楽しみを経験すると、仕事関連の専門書や情報を得るための実務的な本に対しても、読み取るカンのようなものが働くようになり、あまり苦労することなく専門書などを読み進めることができる。

さらに言えば、最近のように一般と専門の分野に境界がなくなり、ビジネスの情報も趣味の世界の情報とボーダレスの時代になっていると、楽しんで読んできたことが思わぬ場面で活用できることがあったりする。何かもうけたような気になることも時々あって、読書がますます止められなくなっている。

先の一四カ条の最後で、立花氏は次のように言っている。「若い時には、何を差しおいても本を読む時間をつくれ」と。全く同感である。しかし、ＩＴ全盛のいまの若者たちにこのことを理解してもらうのは、そう簡単なことではなさそうである。

コラム

私の「積読《つんどく》」体験
―「塩漬け本」も役立つことがある―

自慢するほどのものではないが、わが家にもそこそこ蔵書のたぐいがある。いずれも長い間に読んできて、たくさん思い出が詰まった本ばかりであるが、中にはいわゆる「積読《つんどく》」、つまり買ったけれど読まずに積んでおくだけの本や雑誌類もある。実はわが家には、結構この種の本が書棚や床の上などに滞留し眠っているのである。もちろん人から贈呈された本もあるが、これは別としておこう。

どうして読まない本を購入するのか。私の場合は原因がはっきりしていて、だいたい次のような理由からきている。

①完全に本の選択自体を誤った場合

私は以前、新聞雑誌の広告や書評を見て買うことが多かった。知事時代などには気ままに書店に行って本を探す時間が取れなかったことによるものであるが、今もそのなごりがあって、新聞などを見て面白そうと感じた時はつい注文してしまう。届いたものをパラパラ覗いてみて、まったく期待したものと違うこともある。打率はおよそ六～七割といったところか。残りの三～四割どは、ああ裏切られたと後悔しつつ、あとは塩漬け状態である。

読まないならばさっさと処分すればいいようなものだが、せっかくお金を出した以上そこまでの踏ん切りがつかず、塩漬け本つまり積読本が増えていくのである。内容を見ずに買うわけであるから、これはある程度覚悟している。

②念のためにと考えて買う場合

その時どきに強い関心を持った分野については、その関心の赴くままどんどんウィングが広がっていって、あれも知りたい、これも調べたいと、興味の対象は膨らんでいくものである。その結果、「すぐには読まないけれどいつか必要になるだろう」と自分に言い聞かせて購入する本もある。

私の場合は、この先行投資型の思惑買いする本がこれまた結構多いのであるが、しかし結局のところ実際に目を通すのは一部だけで、多くは積読のままで終わってしまう。まあ、これもある程度は覚悟のうえである。

③いつでも読めるようにとスタンバイさせておく場合

これは小説だとかノンフィクション作品だとか、どちらかといえば好きで読む趣味の分野の書籍が多い。

読書好きの私は、本がないと時間をつぶすことができないたちで、移動の自動車の中であったり出張の新幹線の中であったりと、どんな時でも本を手放せずにいる。そんなわけで、読みたい時にはいつでも手にすることができるよう本を買い置きしておく。これは積読というよりあくまでほもスタンバイ中の本で、「未読」といった方が適当かもしれない。
無駄なことをしていると後悔するのは右の②の本で、私の場合この量がやたらと多い。念のためなどと言って、結局読みもしない本をついつい買ってしまうのだから、無駄と言われても仕方のないことである。
しかし最近はこのような本の積読にも十分効用があると、ひそかに思うようになっている。というのも、
⑴ 最近新刊本の寿命がどんどん短くなっているような気がする。ちょっと油断していると絶版になって簡単に手に入らないケースが多い。やはりこれはと思った時に、できるだけ購入して手元に置いておくべきである。必要になった時に探すのは、それなりに苦労するものである。
⑵ ある時、思わぬ手助けになってくれることがあるのも積読である。何か調べものをしている時に、ふと積読の中の一冊を手に取り、大当たりをすることがある。初めから念のためと自分で見込んでいた本であるので、時にはこういう僥倖《ぎょうこう》もあるのであって、私自身もそんなことで塩漬けから立派に蘇らせた本が何冊もある。
⑶ 私のような活字人間には、いつでも読める本がないとどうにも落ち着かない。たとえ積読状態でも、身近にあって目に触れる距離にあるだけで、刺激を受けて思わぬ好奇心を呼び起こすこと

がある。そうした偶然の出来事は、積読ゆえのものである。

いろいろと我田引水、積読の言い訳がましいことを書いてきたが、最後に、読書を楽しむうえで、私にはどうしても馴染めないでいることを記して終わりたい。

最近はスマホやアイパッドなどのタブレット端末を使った読書も広がりつつあるようで、電子書籍化された作品数も増えていると聞く。しかし、私はいまだにこれをする気になれないでいる。新しいものに対する警戒心からなのか、あるいはただその便利さを知らないだけなのか、いずれにせよ、今のところタブレットで本を読もうという気持ちになれないでいる。どうしても馴染めないのである。しかしそのうち態度を豹変させて、私もせっせとタブレットの画面を追いかけて小説を読んでいるかもしれない。だが、今のところ紙の本に強い執着をもっているので、しばらくは先送りしたいと考えている。

心得㉞

人は変わることができる

■社会は自分の欠点や悩みなど、やすやすと呑み込んでくれる。
■人は自分が考えているような人に変わることができる。

人は変わることができるのだろうか。

このテーマは心理学や脳生理学の分野で時々取り上げられることがあるようだが、たいていの場合、その答えは「人は変わることができる」というものに決まっている。そして私も全く同じ意見である。けれども変わることはそう簡単なことではなく、そこがまた難しいところでもある。

同窓会などで久しぶりに古くからの旧友に会ったりすると、時として別人ではないかと見間違うほどの変貌に驚かされる友人がいる。外見のことを言っているのではない。性格や考え方、物腰や話しぶりなど、その人の人間的な部分がすっかり変わっているのだ。当然のことながらその友人は、長い間にはさまざまなことを経験してきて、多くの辛酸もなめ苦労を重ねてきたのだろうと想像されるが、時を経て驚くほどに逞《たくま》しく成長した結果がその姿なのであろう。そんな友人に出会うと、己を磨いて見事な変身を遂げたその友に思わず拍手を送りたくなる。こんな時は本当に嬉しくなるものだ。そしてその度に、自分もそうありたいと思えてくる。

もちろん逆の場合もあって、あれほど快活で社交的であった友人が、ガラッと変わって無口となり、人の付き合いを敬遠するような人物に変貌していることもある。その友人に何があったのかと想像してみるものの、他人には本当のところはわからないものだ。それぞれの人を取りまく生活環境はいやおうなく人格をも変えることがあるもので、これもまた人生の避けえない現実である。

重要なのは、それぞれの人生でいかに自らがこうありたいと思う人間になれるかであろう。多くの人がそうであると思うのだが、自らの性格についてはどうしても悪いところに目がいってしまう。欠点ばかりが目につき、「ここを直したい」「あそこを変えたい」と、自身を悩ましく思うものである。

かく言う私も人生の大半で、多かれ少なかれそんなことを考え続けてきた。若い時の方が深刻だった。特に私の場合、今の姿からは想像がつかないことかもしれないが、人と交わって集団で何かをすることを心底苦手としていた。なかなか皆とうちとけて虚心坦懐に話ができない性格であったのである。会社への就職を選択せず、自由業の道を選んだのもそのせいだったかもしれない。そのうえプライドは強く、ものごとにせっかちで、時には我を通して正義に反するふるまいをすることもあった。自分で自分が嫌になる性格をたくさん持っていて、何とかならないものかと深く悩んでいた。しかし、もって生まれた性格はそう簡単に変えられるものではないことをいつも痛感させられ、そしてまた苦悩するのであった。

しかし、社会に出て忙しく仕事をするようになって、いつしか理由もわからないままにこうした不安や苦悩がきれいに消え去っていった。それは何だったろうと今考えてみると、そんな欠点ばかりの自分でも社会は十分受け入れてくれることを知ったからである。そう、社会はそんなことなど瑣末《さまつ》なこととして、意にも介していなかったと言った方がいいかもしれない。つまり、私の欠点や私の悩んでいる性格などを社会は大きく呑み込んでくれて、自分が思い悩み苦悩することなど本当にちっぽけなことだったと知ることができたのである。世の中はそれだけのキャパシティ（包容力）を持っているのであって、それを知ることができて自然と「自分は変わることができる」と確信することができるようになった。そしてそれからは、自分が変わろうと努力することで本当に変わっていくことを実感するようになったのである。

私は今、確信をもって「人は変わることができる」と考えている。そう信ずることがまた、人を変えてくれると思っているが、その根底には社会の懐の深さがある。実社会には、あなたを軽々と包み込むような大きな力が存在するのである。

そう、人間は自分が考えているような人に変われるものである。そう信じることで、人は間違いなく変わるのである。

心得㉟

今からでも決して遅くない

■「今からでも決して遅くない」は魔法の言葉。
■失敗してもまたやり直せばいい。

私が長い間大切にしてきた言葉の一つに、
「今からでも決して遅くない」(Never Too Late)
というのがある。市長時代も知事時代もさらにその後も、この言葉をずっと大切にしてきた。
この言葉が私の心をとらえたのは、自らの過去を振り返った時などに、しばしば反省や悔悟、自己嫌悪や挫折感などに苛《さいな》まれ、気持ちがひどく後ろ向きになることがあったが、そんな時に、よしもう一度頑張ろうという気持ちを起こさせ、心の中のエンジンを点火して背中を強く押してくれたからである。つまり、私の心を奮い立たせ、叱咤激励してくれる魔法の言葉なのだ。

「あの時、やっておくべきだった。こうもすべきだった」

「もっと早くやっておけばよかった」

「いったい何をしてきたのだろう」

私たちの毎日は、こんな反省の連続である。そして、

「今となっては遅すぎる」

「今さらとても恥ずかしい」

「まあ仕方がない。諦めよう」

と、自らやってこなかったことを悔いながらも、また反省こそするものの、結局何もせずに終わってしまうことが何と多いことか。

そんな時、今からでも遅くなくこれからすぐ始めようと、この言葉が発する前向きなメッセージが言霊のように心に伝わり、一歩を踏み出せずにいる自分に、「よし、やってみよう」と、新たな気持でトライする勇気をもたらしてくれるのである。この言葉を口にするだけでも効果があるから、何とも不思議な魔力をもっている。

例えば、若い人ならば、

「学生時代にはあれほど時間があったのに何もせず、なぜ無為に時間を過ごしてしまったのだろう」

「もっと若い時に語学をやっておけばよかった」
「クラブ活動を積極的にして、もっと友達を増やしておけばよかった」
「これからの時代、プログラミングなどコンピュータのことを勉強して専門知識を身につけておくべきであった」

等々、過去を振り返って「ああすればよかった」「こうするべきだった」と日々後悔することは多いと思う。少なくとも私はそうであったし、きっと誰にでもあることだろう。

けれども往々にして人は、前記の通り「今さら……」「恥ずかしい……」「手遅れかも……」とひとり呟くばかりで結局何もせず、早くそんな嫌な思いから逃げ出そうとする人が多いものだ。この時の逃げ足はすこぶる早い。これでは、せっかくの反省も何の役にも立たないし、いつまでも同じ思いを繰り返すだけになってしまう。

そんな時、今からでも遅くないと自分に言い聞かせて実行に移すことが、決定的に重要になってくる。とりわけ若いあなたたちには何ひとつ遅いことはないし、また恥ずかしがる必要もない。しないことの言い訳をして、またぞろチャンスを逃していては元も子もない。

若いどころか私たちのような年齢になっても、それを実践している人はたくさんいる。私もこれまでそんな人をたくさん見てきている。ある人は、若い時から運動らしいことをせずにきてしまったことを悔いて、五〇歳を超えてからテニスをはじめ、今では選手として大会に出場するまでに腕を上げている。またある人は語学を習おうと決意し、中年になってから語学教室に通い始め、今では外国人とそれほど不自由なく会話ができるまでになっている。またある人は、定年を迎えてからこれまで学び足りなかったことを反省し、大学に入り直して経営学の学習に励んでいる。その人は企業のコンサルタントのような仕事をしているが、「今の方が昔よりずっと多くのことを吸収できる」と誇らしげに語ってくれている。

かく言う私も、新しい分野に積極的にチャレンジしているつもりである。あれもこれもと、手を出すことが多すぎて自分で困惑しているほどである。だが、これが実に楽しい。

もう一度言う。若い君たちに遅すぎることは何もない。いつでもトライすることだ。もっとも重要なことは、失敗してもまた出直せばいいということである。それで失うものは何もないのである。

心得㊱

社会に出てからの方が勉強は身につく

- 学ぶ目的がはっきりしている人はものになる。
- 勉強の成果を実感でき活用できる。

よく何歳になっても学ぶことが大切と言われるが、勉強は社会を経験し、ある程度の年齢になってからの方が身につき収穫は大きいと、最近私はしみじみそう思っている。

何よりも学ぶことへの意欲が違う。勉強をやらされている年代と違い、また勉強だけやっていればよかったという年代とも違って、あくまで積極的・自主的で意気込みが違っている。成績にうるさく言う人もいない。自分で恥ずかしく思うだけである。もちろん、記憶力は若い方がはるかにいいし、年齢を重ねれば頭は固くなって柔軟性が欠けてくる。なまじ経験を積んでくると先入観や固定観念に囚われ、素直に受け入れることができなくなっていることも否定できない。

にもかかわらず、歳をとってからの方が収穫が大きいと思うのは、勉強の成果をすぐに自分で実感し活用できるからである。何を学びたいかという目的がはっきりしていることが多いので、学んだことが染み入るように頭の中に入ってくるし、学習した結果をすぐに自分で確認し、仕事を持っている人であればそれをフィードバックすることもできる。これは大きいと思う。

これに対して学生時代は、勉強したことが将来どう生きてくるのか、わかっているようでわからない。こんなことを学んで何になるのだろうかと思うことばかりである。実際には、学生時代に学んだことがその後の人生に計り知れない恩恵をもたらすことになるのであるが、そのことを学生は知る由もないし、また理解させようと思ってもなかなか難しいことである。もしそれがわかっているならば、学生時代の勉強はガラッと様子を変えることであろう。そこに学ぶことの難しさがある。

社会に出てからの勉強で問題になるのは、忙しく働く人が仕事と勉強を両立させることができるかどうかである。私もかつて大学のMBAで三〇~四〇歳代の働き盛りの人たちを教えたことがあったが、昼間めいっぱい仕事をしてから夜間に大学に通う生活は本当に過酷で、よく体がもつものだと教えるこちらが心配したものだ。

その点、定年後に大学の開放講座などに通う人たちは時間にゆとりがあり、私の講義を受けていた人たちも十分落ち着いた雰囲気が感じられ、真剣な中にもキャンパスライフをエンジョイしているように見受けられた。

しかし私が瞠目《どうもく》したのは、第一線で働いている現役社会人であれ定年後の人たちであれ、いずれも試験の結果がすこぶる良いことである。現役学生と遜色がないどころか、むしろ好成績をあげている人が少なくない。私の場合は、主にテーマを与えてレポートを提出してもらっているが、やはり長い間の経験が文章ににじみ出ており、よく考えられた立派な内容に感心されられることが多かった。

いずれにしても、学ぶことに遅いことは決してない。その意欲と使命感を支えるのは、

Never Too Late（今からでも、決して遅くない）

の精神である。

心得㊲ 何ごとも時が解決してくれる

- 頑張れないことは誰にでもある。
- どんな問題であっても、いずれ時が解決してくれる。
- とりあえず寝てしまうのが一番。
- どうにもならんことは、どうにもならん。

どんなに優れた人でも、またどんなに恵まれた環境にある人でも、つまずいたり、失敗したり、挫折したりと、思わぬ事態に直面して、くじけそうになることがある。長い人生において、これは誰もが避けられないことである。おそらく例外の人など一人もいない。

大切なことは、自分がそんな状況に追い込まれた時、どのように事態を打開して自力で困難から抜け出すかであるが、それがそう簡単なことでないから人は悩み苦しむことになる。

そんな時には、まず「頑張れないことは誰にでもある」と、自分に言い聞かせることが肝要だ。人は窮地にあればあるほど、「どうして自分だけが」と悲観的に考えがちだが、世の中そんなことは決してない。苦難に直面してくじけそうになるのは誰もが経験していることなのだ。そう思えば、少しは冷静さを取り戻すことができる。

そして、ここからが肝心なことであるが、次のように静かに自分に言い聞かせることである。

「時間が過ぎれば、やがて解決に向かうはずである」

「どんな問題も、いずれ時が解決してくれる」

困難に直面している時は、多くの場合頭の中が混乱して収拾がつかなくなっていることが多い。冷静でいたならばそれほどでもないことを、過大に受け止めて過剰に反応していることがよくある。それゆえ、時が過ぎるのを待つ姿勢は、気持ちを楽にし、心を落ち着かせることにとても効果がある。

そのための近道として、とりあえずまずは寝てしまうのが一番である。これが最悪を脱するための第一歩であり、危機的状況を乗り切るためにとても重要なステップなのである。

私もこれまで幾度も頭を抱え込んだことがあった。一つの問題が解決する前から二つも三つも引き続き問題が起き、一度に抱えきれないほどの難題に直面して、頭の中は混乱して落ち着きを失い、思考は全面ストップして爆発寸前までいったことが何回もあった。本当に心が折れて絶望感を味わったものだ。そんな時に、「解決しない問題などない」「時が過ぎれば解決も見えてくるだろう」と自分に言い聞かせ、頭を鎮めるため布団の中に潜り込んで寝てしまったことが何度もあったが、不思議なことに翌朝起きた時には、たった一晩でずいぶん楽な気分になっていたものである。そう、これは本当によく効いた。昨日のことが嘘のように思えることすらあった。

そして、その後は時が過ぎていくのを静かに見守ることである。ことの次第はどうであれ、いずれにしても問題の顛末が見えてくる。結末のない問題などこの世に存在しないのである。確かＮＨＫのテレビ番組の中で鈴木敏夫氏（スタジオジブリ・プロデューサー）が語っていたが、まさに「どうにかなることは、どうにかなる。どうにもならんことは、どうにもならん」である。ポイントは、この潔さというか割りきりにある。

時が解決するなどというものの言い方は、投げやりで捨て鉢のように聞こえるかもしれないが、実はそうではない。本当にくじけそうになった時の最後の手段として活用する価値は十分あるのである。繰り返すが、これは間違いなく効く。

昔から英語には「一晩寝て考える」（sleep over）という言葉があるようだが、かつて読んだコリン・パウエル氏（アメリカの元統合参謀本部議長・国務長官）の著書『リーダーを目指す人の心得』には、そのものズバリ、「なにごとも思うほどには悪くない。翌朝には状況が改善しているはずだ」と記されていた。私はこの言葉に心から共感している。

いずれにしても、悩んで落ち込んでいる時は、とりあえず早く帰って眠ってしまうことである。

心得㊳

青春とは「待つ」ことである

- あきらめず我慢して「待つ」ことである。
- 必ず自分を理解してくれる人がいると信じる。
- 待っていればチャンスが再びやってくる。

作家の伊藤整は、随筆「青春について」の中でこんなことを言っている。

「青春とは何か、待つことだ。いつ、自分に自分の才覚が発揮できるようなチャンスが与えられるかということは、天もだれもきみに約束することはできない。しかし青春とは、その日をめざして待つことである」（伊藤整全集・第一七巻）

ああ、いい言葉だなあと思う。私はこの言葉を谷沢永一・渡部昇一共著の『人生は論語に窮《きわ》まる』で知ったのだが、これほど青春の本質を的確に言い当て、思いやりを感じさせる言葉はないのではなかろうか。

若い時には誰しも、それこそ無限大の夢を抱き、またそれがいつかは実現する日が来るかもしれないと信じ、目の前に広がるであろう未来に大きな期待を寄せる。これは多くの人が若いころに必ず一度は胸に抱く希望の灯であるが、しかしいつまでもその火を点《とも》し続けることはできず、人はいずれかの時期にそれを消していくことになる。問題はその夢をあきらめずにいつまで持続できるかであって、早くに断念してしまう人もいる一方、じっと我慢強く夢の実現を信じて歩み続ける人もいる。青春というのは、本当にさまざまな姿を見せてくれるものである。

けれども、その夢や理想とするものを自らの手に収めることができる人は極めて稀である。周りの人たちが、夢の実現に少しは手を貸すことができるとしても、確実にそれを保証してくれることなどありえない。だが、それをじっと我慢しながら待つしかないのが青春なのだ。見方によっては、あまりに酷でせつない話のように聞こえるかもしれないが、そうした感情も含め伊藤整は青春と言っているのである。もし待つことを放棄してしまったら、たとえわずかな可能性といえども、その芽を自分からつぶしてしまうことになる。そうはせずに、ぜひ我慢し続けてほしいというのがこの言葉の意味である。

私自身も自らを振り返り、青春時代と言われる年代は、社会からはなかなか一人前と見てもらえず、自分ではすっかり何でもできると思っていても実力が伴っておらず、「自分はどれほどの人間だろうか」「社会は自分を認める日が来るだろうか」「これから自分の夢を実現できるだろうか」などと、焦燥感に苛《さいな》まれ葛藤する日があった。そして、一日も早くそんな思い悩む日々から抜け出したいと、焦ったり不安に押しつぶされそうになったこともあった。それゆえ、仮にいつ来るかもしれないその時まで待つようにと言われても、「はい、わかりました」と簡単に言えるような心境にはとてもなれなかったと思う。しかし、それにもかかわらず待つことが大切なのである。

大切なことは、必ず自分を理解してくれる人がいると信じることだ。唐の詩人張謂《ちょうい》の七言古詩「喬琳《きょうりん》に贈る」には、「丈夫会《じょうぶかなら》ズ応《まさ》に知己有るべし、世上悠々安《いずく》んぞ論ずるに足らん」、すなわち「男子たるもの、必ずいつかは自分を理解してくれる者があるものだ。世の中の無関心など気にすることはない」（写真は濱口雄幸・元内閣総理大臣の揮毫。号は「空谷」）と言っているが、私も同じ気持ちでいる。

どこかに自分のことを理解してくれる人は必ず存在するものだ。世の中はそう捨てたもので

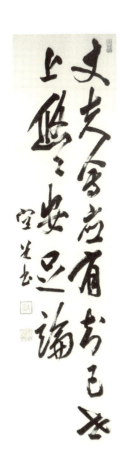

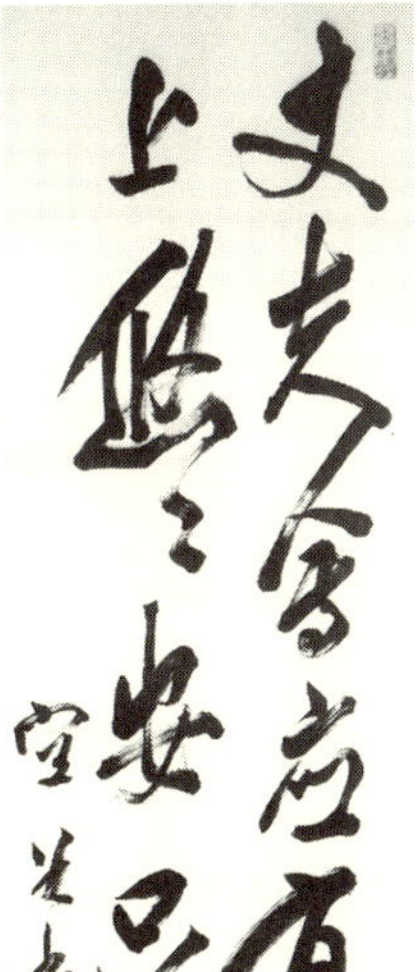

はない。いつか思わぬ時に理解者が現われチャンスがめぐってくる。待っていれば、そのチャンスをキャッチできる日が来るのである。そう心に刻んでほしい。

誰の言葉だったかすっかり忘れてしまったが、「人生の難しさとは何か……希望を語る年齢から諦《あきら》める年齢へと、知らないうちに自分が変わっていくことである」。そう、待つことは、難しい人生にあって、いつまでも希望を捨てないでいる覚悟なのである。

主な引用図書

鹿島　茂『絶景、パリ万国博覧会』（河出書房新社）
コリン・パウエル『リーダーを目指す人の心得』（飛鳥新社）
谷沢永一・渡部昇一『人生は論語に窮まる』（ＰＨＰ研究所）
オルテガ・イ・ガセット『大衆の反逆』（ちくま学芸文庫）
外山滋比古『思考の生理学』（ちくま文庫）
塩野七生『マキアヴェッリ語録』（新潮文庫）
見城　徹『たった一人の熱狂』（幻冬舎文庫）
寺山修司『ロンググッドバイ』（講談社文芸文庫）
三好達治『三好達治詩集』（新潮文庫）
カール・ヒルティ『幸福論』（岩波文庫）
塩野七生『日本人へ　リーダー篇』（文春新書）
Ｐ・Ｆ・ドラッガー「現代の経営（上）」（ダイヤモンド社）
小林秀雄「学生との対話」（新潮社）
伊藤整「伊藤整全集　17巻」（新潮社）

あとがき　―三好達治の詩によせて―

読んでもらえばわかることだが、本書に書いたことは取り立てて目新しいものではない。実に当たり前のことばかりである。しかし、ここに書いたことは、普段ゆっくり考えたりすることなく過ぎてしまい、とかく忘れがちのことと言えるだろう。

そう、あらためて気づいてみれば「何だそんなことか」と思うような、ちょっとしたヒント――知恵と言うべきか――が世の中にはたくさんあって、たとえ小さなヒントでも、知らなかったためにスムーズにものごとが運ばなかったり、まれには思いがけない方向に道が逸《そ》れてしまうこともある。また、せっかくのチャンスをまんまと逃してしまったり、大切にしていた信頼を失ってしまうことさえある。

若い人にはぜひ知っておいてほしい、そんなちょっとしたヒントになりそうなことに思いをめぐらせ、これまでいろいろな機会に話してきたことや考えてきたことを一冊にまとめたのが本書である。

従ってこの本は、主として「若い人」に読んでもらうことを念頭に置いて書いたものではあるが、しかしここに言う若い人とは、これから社会に出る人とか、入社してまだ日が浅い人だけに限るものではない。もちろんそのような年齢の人たちを意識して書いてきたことは間違いないが、本書の内容は、すでに一〇年、二〇年と社会経験を積んできた人にもそのまま当てはまることが多いと考えている。と言うのも、仕事や人生で悩んだりもがいたりするのは、何も社会経験が少ない人だけではなく、中堅とよばれる年代になっても一緒のことと言えなくもないからである。現に私は、これまで企業の研修やセミナーなどで中堅層の人たちに対して話をする機会が何度もあったが、いつも私の話を食い入るように聴いてくれていた姿が今も目に焼き付いている。したがって、そのような年代の人たちにも、会社のことや人間関係について考えるヒントとしてお役に立つことになることを願っている。

とは言いながらも、私の経験してきたことなどは、社会の中の極めて狭い領域のことであり、また私自身の能力のこともあって、若い人たちにどこまできちんと思いを伝えることができているのか心配している。特に、私が経験していないことについては、正直なところなかなか自信を持てずにいる。

自分が経験していないことというのは、どうしても頭の中だけの想像や推測の世界になりがちで、抽象論や説得力を欠くものになり、自信をもって伝えることが憚《はばか》られる。本書でも、書こうとしたものの結局書けずじまいで終わったものも少なくない。一例を挙げれば、これだけ

ＩＴ化が進展している現代社会で、ネット情報をどう活用していくのかというテーマについては、私の経験も能力も及ばないことを自覚し書くことを断念した。大切なテーマにもかかわらず、何のヒントも提供できず忸怩《じくじ》たる思いでいる。のみならず、私たちの年代は「今の若い人は……」などと口にすることがあるものの、正直なところ、その今の若い人が、私たちのような年代をどう見ているかについてもわからないことが多く、全般にその視点からの記述が不十分となり歯切れが悪いところができてしまった。

けれども、考えてみればそうしたことはいたし方ないことであって、本書ではありのままの自分の思いを書かせていただいた。

冒頭で私は、小さなヒント（知恵）という言い方で本書の狙いについて触れたが、それとは真逆の、ずっしりと重い究極の「知恵」と言うものについてここで記しておきたい。それは、次の詩から啓示を受けたものであった。

ああ智慧は　かかる静かな冬の日に
それはふと思ひかげない時に来る
人影の絶えた境に

山林に
たとへばかかる精舎の庭に
前触れもなく　それが汝の前に来て
かかる時　ささやく言葉に信を置け
『静かな眼　平和な心
その外に何の宝が世の世にあろう』
…………………………………………

これは、よく知られた三好達治の詩編「一點鐘《いってんしょう》」の中にある『冬の日』の一節である。私はこの詩が好きで、永い間愛唱してきた。今も飽きることなく口ずさんでいる。

この詩が永く私の心をとらえて離さないのは、「静かな眼」「平和な心」という表現にある。何と澄み切った、穏やかで、美しい言葉だろうか。こんな落ち着いた透明な心境でものを眺めたいものだと、その智慧の深さに強く魅《ひ》かれている。心に響くとても重い言葉だ。この心の持ちようさえあれば、私の書いてきたことなど枝葉末節のことになる。静かな眼、平和な心、その外に何の宝が世にあろう。まさにその通りである。覚えておいてほしいと思っている。

いずれにしても、このむずかしい世の中で、これから自分のため、家族のため、会社のために頑張っていく若い人には、「自分にできないはずがない」という強い心で、未来に向かって歩んでいってほしい。本書が、そのためのささやかな一助になれば、とても幸せなことである。

本書の出版に当たりお世話になった風媒社の劉永昇氏はじめスタッフの皆さんには、ここに深甚なる感謝の気持ちを表したい。

平成三〇年三月

神田　真秋

［著者略歴］

神田　真秋（かんだ　まさあき）

昭和26年、愛知県一宮市に生まれる。東海高校、中央大学法学部卒業。

昭和51年、名古屋弁護士会（現愛知県弁護士会）弁護士登録。

平成元年11月より一宮市長を、平成11年2月より愛知県知事を、それぞれ3期務める。

現在、愛知芸術文化センター総長、愛知県国際交流協会会長、日本赤十字社愛知県支部長、東海東京調査センター顧問、名城大学理事、愛知学院大学大学院特任教授、愛知県スケート連盟会長、大垣共立銀行社外取締役等に就任。

著書に『私の文章修行―生涯学習ノート―』（ぎょうせい）、『忙中美あり―身近な美の発見―』（求龍堂）他がある。

装幀◎澤口　環

君にできないはずがない　“仕事と人生”が輝く38の心得

2018年4月16日　第1刷発行　　（定価はカバーに表示してあります）
2018年6月　4日　第2刷発行

著　者　　神田　真秋
発行者　　山口　　章

発行所　名古屋市中区大須1-16-29
振替 00880-5-5616 電話 052-218-7808
http://www.fubaisha.com/　風媒社

＊印刷・製本／共生印刷　　乱丁本・落丁本はお取り替えいたします。
ISBN978-4-8331-5349-2